湛庐 CHEERS

与最聪明的人共同进化

HERE COMES EVERYBODY

蒙台梭利家庭方案

3~6岁

MONTESSORI AT HOME

尹亚楠　吴永和　著

浙江教育出版社·杭州

推荐序

用蒙氏教育培养面向未来的全新儿童

玛利亚·若斯
德国 AMI 资深培训师、认证考官

很荣幸能为我两位学生所写的书作序。我和亚楠、永和夫妇的关系早已不局限于师生，更是挚友。虽然他们毕业快十年了，但我们一直保持着紧密的联系，不论他们去了哪里，法国、德国，还是中国。

我与蒙台梭利教育结缘，要从几十年前说起。1970 年，玛丽亚·蒙台梭利的儿子马里奥·蒙台梭利（Mario Montessori）在德国慕尼黑举办了第一期国际蒙台梭利教育培训，我有幸成为他在德国的第一届学生。后来，马里奥成了我的培训师导师，我跟随他学习，并在 1976 年成为德国首位蒙氏培训师。马里奥来过我的培训中心，亲自指导我和孩子们工作，我想说，是马里奥带着我在蒙台梭利教育之路上持续地成长和蜕变。

多年之后，当亚楠第一次走进我的教室时，我充满了期待，因为她将是我的第一位中国学生，而且亚楠同我年轻的时候一模一样，对儿童教育有着超乎寻常的热情。

有一次，亚楠的先生永和在旁等待她下课，我便邀请永和来旁听。想不到因为永和的加入，那节课变得妙趣横生，我们进行了很多有意义的讨论。课后我极力说服永和同亚楠一起来参加培训，他想了几天，终于答应了。就这样，永和便成了我唯一“请求”来的学生。

直到亚楠和永和在 AMI 3 ～ 6 岁的毕业证书上填写身份时我才知道，永和是德国博士。“博士”的教育体系本就起源于德国，拥有博士头衔的人在德国是备受尊重的。我当时非常惊讶，惊讶于我这位学生的低调和谦和。

亚楠每周都会来我的幼儿园实习几天，我对她要求非常严格，因为她是我的第一个中国学生，谁知道她将来会不会像我一样成为中国第一个蒙氏国际培训师呢？

毕业的时候，亚楠的优秀表现令很多考官印象深刻。当我问她未来的计划时，她说想回法国工作，并尝试一些其他的方向。亚楠后来没有同我一样继续深钻 3 ～ 6 岁阶段的儿童教育，而是又去参加了 AMI 0 ～ 3 岁的培训，之后开始翻译、出版书籍。亚楠一直像个蒙氏儿童，充满了热情和创意，她知道自己喜欢什么、适合什么，想法坚定而执着。不论亚楠在蒙氏教育的哪个阶段、哪个方向工作，我相信她都会将这种做事的内驱力、坚持力、独立思考的能力传递给周围的人。显而易见，她最先传递给了她的读者。

亚楠和永和在这本书中，为大家所展示的蒙台梭利博士关于儿童发展的研究，都是基于科学的。所有父母都想给予孩子最好的教育，所以很有必要通过本书来了解孩子到底有多大的潜能。

为了将孩子的潜能发挥出来，你需要一个能给孩子提供自由选择机会的环境，通过一些优美且设计严谨的教具来激发孩子亲身的体验。在自由探索的过程中，孩子很可能会出现很多错误。但什么是错误呢？错误仅仅是不符合成年人期待的结果而已。错误有它存在的理由，就像青霉素的发现就是从“错误”而来。

蒙台梭利博士常年观察孩子，这就是为什么她能够发现孩子是如何学习的，以及学的是什么。蒙台梭利博士是科学家出身，她设计的所有教具都基于科学知识，她先让孩子从教具中获得感官印象，然后再给予他们对应的词汇。蒙氏教育领域有句俗语：通过手和心灵学习。蒙台梭利博士也说过，要让孩子体验“有情感的学习”。孩子们明白事理、欣赏事物，他们不会故意去破坏任何东西。

我的幼儿园曾经来过一位参访者，她想知道在蒙氏教育环境下，孩子的表现是怎样的。结果这位参访者发现，我这里的孩子都是用“真刀实枪”在工作，因为一把塑料刀是没办法让孩子获得成功的学习经验的。成年人见此状况通常非常担心，但他们不会给孩子示范正确用法，而是简单直接地将自认为危险的用品从孩子身边拿走。在我的幼儿园，我会和孩子一起准备餐桌、共进午餐，因为他们想搞明白所有的事情，想亲手去做所有成年人会做的事情。

蒙台梭利博士用一种独一无二的方式将教育科学展示在了教具中，我们给孩子示范教具，孩子模仿、重复，一直到他获得这项能力。

最后，那位参访者惊讶地说道：“孩子们没有玩具，他们完全自主地读写，他们还学习数学，这一切都是真的！更令人震惊的是，所有的孩子都这么开心！”

是的，孩子们跟随内在的指引，因而积极、活跃，他们允许自己犯错，然后自己修正错误，成年人只有在他们需要帮助的时候才出现。

我经常看到，如果成年人没能给孩子提供他们当下想要的支持，过后孩子就不再想做这件事了。比如蒙台梭利博士发现，孩子在 3 岁多的时候开始对书写的动作感兴趣，而到了大约 4 岁半，这个兴趣就消失了，因为那时孩子开始对别的事情产生了兴趣，那就是阅读。所以，我们要关注科学，了解如何及时地为孩子提供他们当下所需的营养，不论是生物、地理，还是语言、数学。提供的时机非常重要，把握好时机的秘诀就是始终以孩子为中心，如果他不想做，那他有自由选择其他活动的权利。

在德国，我经常被质疑给幼儿园的孩子提供“大学”课程。可是孩子们的确渴求知识啊，他们如此好奇，他们并不是像在学校里那样通过考试来获得知识的。你能听到很多孩子快乐、自豪地欢呼：“我可以数到百万了！”

但是，这些知识并不是教师教授给孩子的，而是那些逻辑严谨的教具让孩子们学会的。马里奥·蒙台梭利曾经跟我说：

> 孩子的兴趣最重要。我们不能阻止孩子去学习，如果孩子没有做好准备，就不要将这个知识强加于他。我们不需要讲很多，因为教具自己会解释。我们只是准备好教具，并示范教具的用法。

我问一个孩子：“你是怎么学会的？”孩子给我的答案是：“我没有学，我只是做而已。”这种无意识的学习便是蒙台梭利教学法的精华：吸收—记忆—分类—结构—整合。所有这一切都发生在准备好的环境中，在孩子自主选择教具的过程中。如今流行的“自主学习”之说便是同样的道理。

我谨代表众多孩子的父母，衷心感谢亚楠和永和著完此书。孩子需要父母，他们爱父母，而父母需要更多的知识和方法，来帮助自己更好地理解孩子的成长。过去的方法存在着问题，我们需要一种全新的教养方式来培养蒙台梭利博士所发现的“新儿童”。

法式的“好好学”和德式的“好好玩”

3 ～ 6 岁上幼儿园的这三年，是应该让孩子好好玩，还是好好学？有多少中国父母一直在这两条路上左右摇摆。

很多文章声称：西方教育就是让孩子在幼儿园里好好玩，什么也不学。其实这里所说的“西方”，概括不了所有的西方国家，即使是在同一个国家，不同地区的育儿风格也可能大不一样。

我早先在法国的幼儿园当老师，有了孩子之后，成为德国幼儿园的孩子家长。深入德、法两国“育儿圈”后我很快发现，就连近在咫尺的两个欧洲国家，幼儿教育理念都大相径庭。比如在法国，孩子上幼儿园的第一天，家长会对孩子说："好好学。"但是在德国，家长就会对孩子说："好好玩。"

有段时间，我经常在学校放假或者开学之际乘坐火车往返于德、法两国，沿途遇到过不少带着孩子穿行欧洲大陆走亲戚的家庭，常会听到类似德国的爷爷嫌弃法国幼儿园老师总教孩子认字、数数，或者法国的妈妈抱怨德国幼儿园完全放养的声音。

我们到底是应该让孩子像德国孩子一样"好好玩"，还是像法国孩子一样"好好学"呢？在德、法两国生活的10年里，我不断与一些跨越两国的教育工作者进行探讨，想不到我们都有非常相似的观察体会。

德国是幼儿园的发源地，英文"kindergarten"来自德语，直译是"儿童花园"。不过与创始地位不相匹配的是，在联邦德国时期，西德很多州的幼儿教育系统没有得到太多来自政府的支持，因此，德国的幼儿园流派众多，它们各自自由发展，质量参差不齐。直到今天，德国很多城市的幼儿园学位还很紧俏，学费昂贵。

第二次世界大战之后，德国愈发青睐自由宽松的育儿风格，可能也有关于社会公平的考量，使得德国传统的幼儿园老师及家长都不赞成孩子在幼儿园期间接触读写、算术等内容，孩子们在幼儿园多是自由玩耍，因此到了小学一年级，绝大部分德国孩子都处于同一起跑线。而在德国传统文化的影响下，幼儿园老师们相对重视音乐教育和自然教育，有不少德国幼儿园不论刮风下雨、严寒酷暑，都会坚持带孩子们去森林徒步。

德国教育体系最有特色的就是"双轨制"。这个制度可以帮助不同的孩子选择适合自己的发展路线，既可以选择进入通往大学的文理中学，也可以选择进入实科学校或者职业预科学校。或许跟大部分中国孩子的想法不同，很多德国孩子更愿意选择后者，因为可以早早毕业，并获得一份体面的工作。

德国教育体系的另一大特点就是先松后紧，宽松的早期教育和严格的高等教育形成了鲜明的对比。德国的家长都会努力让孩子从一开始就觉得上学是件好玩的事情，所以德国的孩子在幼儿园，甚至在小学的前两年都会处于“尽情玩”的状态，随着年龄的增长，他们的压力才会逐渐增加。如果选择文理中学这条路，那也是很辛苦的，进入大学之后，这些孩子就完全没有轻松的日子了，因为不好好努力是很难从德国高校毕业的。

在这样一个奉行“平均主义”、选择多元、先松后紧的教育环境中，德国的家长也就不容易感到焦虑，能够真正放手让孩子去“好好玩”。

德式的“好好玩”是让孩子在玩的过程中尽情地体验大自然，积累丰富的感官经验，激发对科学文化的广泛兴趣。在资源富足的环境中自由玩耍，对孩子来说就是最佳的学习方式。如果在这个基础上，还能及时、有效地支持孩子在书写、阅读、数学等方面的发展，不错过学术启蒙关键期，在我看来，德式的“好好玩”便无可挑剔了。

我们再来说说法国。法语幼儿园单词是“Ecole maternelle”，直译是“母亲学校”。19 世纪，法国就领先于世界确立了近代学前教育制度。在这之后，法国政府一直非常重视学前教育，并将其纳入了中央集权的教育行政管理体制。

在法国教育部的大力支持下，所有孩子都可以就近享受免费的公立幼儿教育，法国的幼儿园老师都要经过严格筛选，全部为硕士及以上学历。法国政府还通过立法保障了学前教育的质量，依据法律，法国学前教育的主要目的之一是激发儿童对学习的兴趣，为将来的系统学习做准备。根据《法国学前教育大纲》（*le programme d’enseignement de l’é cole maternelle*），幼儿园教育分五大学习领域：语言、体育、艺术、逻辑、科学文化。之所以将语言置于首位，是因为对于法国人来说，语言是一切的基础，母语是最重要的科目。除了发展口语，法国幼儿园的语言教育还有一个更重要的方面就是循序渐进地带领孩子进入文字世界，开始书写和阅读。

法国的孩子在幼儿园毕业时，不仅能写出自己的名字，会分解音节，还掌握了基础的数量对应、几何知识、科学文化常识等。大多数法国孩子要在幼儿园毕业后进入“CP 班”，即学前班，用一年的时间掌握自主阅读。孩子们只有在幼儿园循序渐进地学习过，才能更顺利地衔接法国“CP 班”和小学。

相比于德国，法国的幼儿启蒙方案更加完整，法国的幼儿教育也曾在世界上遥遥领先，尽管如此，如今却有越来越多的法国人不再满足于传统的幼儿园，他们认为旧的模式已经不再能适应飞速发展的新世界。近年来，蒙台梭利教育在法国也很受欢迎。蒙台梭利教育理念在形成的过程中曾经深受法国幼儿教育的启发，因此这套方法体系与《法国学前教育大纲》到今天都能相得益彰。很多法国传统的幼儿园老师开始借鉴蒙台梭利教育方法，追随每个孩子的发展节奏，努力让孩子在学中玩，让他们在学习中体验更多的乐趣和自主权。

到底是应该像德国人一样让孩子“好好玩”，还是应该像法国人一样让孩子“好好学”呢？一个国家的教育体系会受到诸多方面的影响，但是父母完全可以灵活、自由地取各家之长，形成适合自己的育儿风格。

中国父母的三种育儿风格

从我近年来对知识星球“在家蒙台梭利社群”中近千个中国家庭的跟

踪观察发现，当今的中国父母育儿有如下三种风格。

第一种风格的父母，也就是所谓的直升机式父母。他们常常以自己的意愿为中心，把孩子每天的生活安排得满满当当，试图将孩子培养成自己期待的样子。这样的父母很喜欢盲目照搬、拼凑各家“成功”经验，强迫孩子“好好学”，也很容易受周围环境的影响，产生焦虑情绪。

很多父母觉得，总应该做点什么来“帮助”孩子应对竞争压力满满的未来。但是他们不明白，如果没有科学的教育理念和系统的教育方法做支持，他们所做的一切究竟会给孩子的发展带来助力还是阻力，都不一定呢。在错的方向上用力过猛，还不如像第二种父母一样什么也不做。

第二种风格的父母，可以称为放养式父母。他们更加尊重孩子，用平等的方式与孩子沟通，懂得跟孩子建立良好的亲子关系，却不太了解如何恰当地辅助孩子的发展，不过好在他们知道自己不懂，也没去破坏，孩子还能相对自由地成长。有些父母是因为自己小时候吃够了学习的苦，一定要给孩子补一个“快乐童年”，因此将压力推迟，尽量让孩子“好好玩”。

第三种风格的父母，不论他们是否了解蒙台梭利教育，都是我眼中的“蒙氏父母”。他们不受各种外界声音的影响，不去纠结到底是该让孩子玩还是该让孩子学，他们只是有意识地观察孩子的发展，跟随孩子的节奏，懂得调动起孩子参与生活的积极性，巧妙激发孩子对世界的兴趣。孩子可以在玩中学，在学中玩，生活就是课堂，世界便是老师。

集德法所长，让孩子自主“工作”

对于“蒙氏父母”来说，“玩”和“学”根本不是对立的。如果你仔细观察就很容易发现，孩子天生对学习感兴趣。也许我们成年人觉得学习是件辛苦的事，但是孩子并不这样认为。当成长环境为孩子提供了足够的支持时，你就能观察到孩子强烈的求知欲和好奇心。孩子受大自然的指引，在玩中学，在学中玩，更确切地说，他们是在“工作”，他们所做的一切都是在为自己的大脑发展而“工作”。

孩子是最独特、也是最高级的学习者。与成年人不同的是，对孩子来说，过程即目的。在自主的“工作”中，孩子会完全沉浸其中，通过不断的重复，达到专注、忘我的状态，拥有高频率的“心流体验”。心理学家米哈里·希斯赞特米哈伊（Mihaly Csikszentmihalyi）① 将其描述为一种内心高度兴奋、喜悦、充实的感觉。在这个时候，孩子成长得最快，他们的大脑在飞速地变化着。

因此，所谓的“玩”和“学”，都是从成年人的角度出发来定义的，对孩子来说，一切都是为了自己的心智建构。如果成年人很少有体验心流的机会，那就很难理解和想象孩子的精神世界所能抵达的地方。所以我们要尽可能保持谦卑，清空成见，通过营造科学的环境，让孩子自发地玩耍和学习，达到深度专注，帮助孩子成为他自己。

如今，越来越多的父母已经建立起这种现代教养目标的共识，但是最大的问题是不知道如何去实践，于是只能做第二种放养式的“佛系”父母，起码不去破坏孩子与生俱来的学习热情和能力。

当今育儿市场上的各种“科学方法”“系统方法”让人眼花缭乱，这些方法不一定真的经得起科学推敲，经得过大样本、长时间的实践检验，也许很多方法只是一家之言，仅能代表个人经验。

① “心流之父”、积极心理学奠基人米哈里·希斯赞特米哈伊在大量案例研究的基础上，开创性地提出了“心流”概念。他的经典著作《创造力》讲述了心流体验与创造力的运作方式，本书中文简体字版已由湛庐文化引进、浙江人民出版社 2015 年出版。——编者注

玛利亚·蒙台梭利博士在20世纪初创设了蒙台梭利教育理念和方法，在她之后，有这样一群信奉或推崇蒙氏教育理念的人活跃在世界各地，他们一直不断地实践和丰富着这套方法，蒙氏教育法可谓是在全世界范围内经过了上百年的实证检验。同时，这套方法非常便于在家中实践，这就是为什么在世界的每个角落，不论当地的学校教育如何，总能有蒙氏父母竭尽所能地为孩子提供个性化的家庭蒙氏教育，并取得了超越时代和阶层的成功。

我们写作这本书的初衷就是为中国的父母呈现这套科学、系统并且已经过上百年大规模实践检验的教育方法。有很多看过《蒙台梭利家庭方案》（0 ～ 3 岁）的读者联系我们说，孩子在长大，他们非常急切地想要看到 3 ～ 6 岁的在家蒙氏方案是什么样的，于是我们快马加鞭地将这本书创作完成，尽可能地追赶上孩子们的成长脚步，让已经开始在家实践蒙氏教育的父母们能够一以贯之地为孩子提供这种适应未来世界的个性化家庭教育方案。

蒙氏儿童养成方案

本书分为两个部分，一共 6 章，每章相互独立，你可以从任何感兴趣的一章开始阅读。

第一部分是理念篇，共有两章。第一章解决“是什么”的问题，是对蒙台梭利教育方法的综述。我们从宏观上介绍了如何设计一个适宜 3 ～ 6 岁孩子的成长环境，以及如何在这个环境中给孩子科学的启蒙。

第二章解决“为什么”的问题，将为你呈现蒙台梭利教育背后的科学。这一章是由我先生创作的，他不仅是一位德国自然科学博士，同时也是一位国际蒙台梭利教师，在这一章，他会从神经生物学的角度来解释蒙台梭利教育方法的科学性。

如果你读过《蒙台梭利家庭方案》（0 ～ 3 岁），那么你会发现，这一章比起上一本的“雕塑婴幼儿大脑”那一章更加深入和完善，还增加了很多针对 3 ～ 6 岁孩子家长关心的问题的解答。

第二部分是实践篇，我们用 4 章篇幅集中解决“怎么办”的问题，给你一套蒙台梭利教育法在家中具体落地的应用方案。围绕感官探索、语言表达、数学逻辑、科学文化 4 大板块，每一章都是单独领域的理论方法和应用方案。方案内容的主体来自国际蒙台梭利协会（AMI）的培训，再结合我在法国蒙台梭利学校的教案笔记，以及女儿在德国蒙台梭利学校的活动内容，我将这套学校方案转化成了家庭版。另外，我的先生从一个科学工作者以及爸爸的角度，校对、拓展了方案细节，使其在实用的基础上，确保科学和严谨。

在尾声部分，我们将带领读者回归蒙台梭利教育哲学。父母们在实践的过程中，很可能会对家庭教育生发出更深刻的体悟，借着这个时机，结合理论文章或者书籍，再回到实践之中，便会得到更全面的提高。

本书的最后，还附有一张长卷图，完整地梳理了 3 ～ 6 岁的蒙台梭利家庭方案。实践过程中，家长无须翻书查阅，只要打开这幅长卷图，就可以一目了然地参照图中对应的年龄为孩子准备接下来的家庭教育方案了。

这本书既能帮助已经入读蒙台梭利学校的孩子家长了解蒙氏教师的教学理念，也能帮助那些没有机会进入蒙台梭利学校的家庭在家为孩子实践蒙氏教育方法，从做中领悟蒙氏理念。

如果你觉得蒙台梭利博士的原著太深奥，那建议你先尝试她的实践方法，当你被她的实践方法深深吸引时，再回头，便更容易理解那些抽象的教育理论；如果你欣赏蒙台梭利教育哲学，但是并不知道怎么将其落地实践，那这本书将手把手带你在家采用蒙氏方法育儿，让孩子享有个性化的全面启蒙；如果你正在为孩子的幼小衔接感到焦虑，本书会带着你从容有序地帮助孩子衔接小学生活，衔接未来人生；如果孩子在家里经常感到百无聊赖，你也不知道怎么帮助他，那跟随书中介绍的蒙氏活动方案，和孩子一同兴趣盎然地认识和探索世界吧。

相信所有父母都可以自信、独立地规划孩子3～6岁的蒙氏家庭方案，培养一个专注、好奇、适应未来世界的新儿童。

测一测　　蒙氏爸妈的关键技能，你都掌握了吗？

1. 为孩子设计了很多有意思的活动，孩子就是不配合，怎么做才好？

A. 3 ~ 6 岁孩子处于动作敏感期，尽量准备让孩子动起来的活动

B. 跟孩子事先约定，配合活动有奖励，比如看一集动画片、给一颗糖果

C. 准备的活动可能不符合孩子当下的兴趣，可提供两到三项活动给孩子选择，不喜欢的活动过段时间再尝试

D. 准备的活动可能不符合孩子当下的发展程度，要注意将活动的难度分离、从易到难循序渐进

2. 蒙氏理念的核心是为孩子提供有准备的环境，以下哪些是适合 3 ~ 6 岁孩子的家庭环境？

A. 在家中为孩子准备一块专属的独立空间，让他享有完全的自由

B. 给孩子预备多种多样的玩具和活动工具，给孩子提供丰富的环境

C. 让孩子尽可能多地接触真实世界的环境，比如做家务、亲近大自然

D. 活动区给孩子提供有限的玩具或活动工具，勤更换

3. 培养孩子的语言表达能力，以下哪些做法是有效的？

A. 多跟孩子聊天，认真回答孩子的“十万个为什么”

B. 多陪孩子读书，图书种类从真实场景的绘本开始，逐渐过渡到童话、传说等虚构故事

C. 多带孩子识字，帮助孩子尽早实现自主阅读

D. 多鼓励孩子表达，出现错误、磕绊时，耐心等待，无须纠正

4. 激发孩子的数学潜能，以下哪些说法是正确的？

A. 可借助磨砂数字，先让孩子认识 0 ~ 9 这 10 个数字

B. 帮助孩子理解数和量的对应关系，要借助生活实物

C. 最早期的数学启蒙，应该是教会孩子数数

D. 早期应该尽量多让孩子做分类、配对、排序的活动

扫码下载“湛庐阅读”App，
搜索“蒙台梭利家庭方案（3 ~ 6 岁）”，
获取答案。

目录

实践篇：手把手带你在家蒙氏育儿

PART1

理念篇：

给孩子一个科学的成长环境

儿童在 3 ～ 6 岁之间的成就，并不赖于说教，而是依靠一种引领他的精神，从事建构的神圣指令。此乃人类行为发生的根源，它只有在自由和井然有序的合适环境中才能发展。

——玛利亚 · 蒙台梭利

第一章
家庭环境是孩子打开世界大门的钥匙

1915 年，一个蒙台梭利玻璃教室在旧金山建成，大家可以从教室外面观察教室中的孩子。人们看到，那些孩子在纷繁的选择中，能自主地找到想要的活动，然后沉浸其中，达到深度专注的状态，乐此不疲地重复探索，眼睛中绽放着光彩，结束探索后露出无比喜悦的神态，脸上洋溢着满足感和成就感，完全不被玻璃窗外的人来人往所干扰。

亲眼所见后，很多人自此开始深深地折服于这种以孩子为中心的、个性化的早期教育方法。

在蒙台梭利学校工作的那些年，我每天都能在孩子身上见到这种令人感动的状态。如今亲身育儿，才发现，父母只要掌握了蒙氏教育理念和方法的核心，同样可以在家中实践蒙台梭利教育法，我们称之为“在家蒙氏”。

蒙氏教育专家葆拉·利拉德（Paula Lillard）在《全人》（*Montessori Today*）一书中写道：

> 蒙台梭利博士无法将世界搬进教室让孩子探索，但她在教室

里放置了探索之钥。这些“钥匙”分为4个区域：模拟文化活动的日常生活区域，反映世界特性和事实的感官教具区域，还有数学教具区域和语言教具区域。所有的教具都会让孩子根据自己的需求去使用，并促使孩子继续从事对真实世界的探索。

再富有的家庭也无法将世界全部展现在孩子眼前，但是，如果我们拥有了蒙台梭利博士的这几把钥匙，就可以带着孩子从容有序地认识和探索世界了。

蒙氏教室中有一个模拟家庭环境的日常生活区域。在家中，我们只需要打造一个对孩子友好的生活环境，孩子就可以学会自己照顾自己，学会帮助父母，学会优雅地待人接物，从而逐渐脱离自我中心，融入我们的社会文化。

当孩子在亲自做的过程中积累了足够的感官经验，我们再为他提供一个帮助感官更加精致、有序发展的环境，带孩子深度地探索颜色的世界、形状的世界、声音的世界、味道的世界……

在家中，我们自己就是孩子最有效的语言教具，要有意识地给予孩子高质量、高频率的语言输入。当我们捕捉到孩子进入书写敏感期或者阅读敏感期的信号时，便可以将书写或者阅读这两项极其复杂的技能拆解开来，循序渐进地让孩子体验书写和阅读的美妙。

当孩子表现出对数字的浓厚兴趣时，我们便可以带他亲手触摸具象实体的一个个数字，亲自体验大数字加减乘除的运算过程，以此建立孩子的数学感官印象，让他深刻地理解每个符号背后的意义，让大脑做好进入抽象思维世界的预备。

在科学文化领域，从地球到宇宙，从大陆、海洋到各国的风土人情，从气候、天气到太阳系，从生物分类到一只青蛙的变态发育，从花草树木到飞禽走兽，从一天到一周再到一年，从昨天到今天再到明天，从研究空气到研究水的形态，从重力、磁力到声音传播……世界那么大，蒙氏父母可以将世界带回家。

我们不一定非要博闻强识、贯古通今，只要拥有了蒙台梭利博士的4把“钥匙”，所有父母都可以和孩子一起用科学的方法发现和探索这个精彩丰富的大世界。

设计一个对3～6岁孩子友好的生活环境

我们将这套蒙台梭利家庭方案分成两本来写，是因为3～6岁孩子的世界和0～3岁完全不一样。在前三年，孩子的生活主要是吃喝、睡觉、护理和一些简单的室内和户外活动。当孩子到了2岁半、3岁的时候，我们可能突然会发现，原先的知识经验不够用了，再加上孩子即将进入幼儿园，吃喝、睡觉、得到护理这些已经不再是重点。如何更好地帮助孩子度过3～6岁的成长期，成了一个崭新的话题。

生活即教育。在家进行蒙氏教育的入门课，便是准备一个对孩子友好的生活环境，帮助孩子独立自主地照顾自己，参与家庭生活。

家庭环境的布局上，我们延续上一本《蒙台梭利家庭方案》（0～3岁）实践篇12～36个月部分活动区的规划，加以微调便能适合3～6岁孩子的发展。3～6岁孩子的活动区域主要有4个部分：工作区、阅读角、厨房和户外。

12～36个月活动区环境布局

工作区

在孩子经常活动的地方，比如卧室或者客厅，开辟一块专属于孩子的区域。这个区域要尽量保证没有电子产品，为孩子营造一个专注、不易被打扰的工作环境，这一点非常重要。

工作柜

至少要布置一个工作柜，上面有限地摆放几个当下使用频率比较高的玩具和活动工具，以及艺术和手工材料、音乐播放器和乐器等。淘汰声光电玩具，尽量多选择朴素的、具有各种辅助发展功能的教玩具。

工作柜旁边可摆放一套适合孩子身量的桌椅，让孩子可以自由地选择工作内容，坐下来工作。

工作区桌椅

一个有吸引力，同时还清晰有序的活动区，能帮助孩子更好地专注于探索。孩子在这里可以玩玩具、画画、做手工、听音乐，当然还可以进行我们在之后章节分享的各种蒙氏活动。

除此之外，工作区还需要有一个地方收纳孩子做家务的工具，比如扫把、拖把、簸箕、抹布等。

家务工具

3 岁以后，孩子可以做的家务有：擦玻璃、擦桌子、家具除尘、扫地、拖地、擦镜子、木饰打蜡、浇花、插花、洗衣服、晾衣服、叠衣服、刷鞋、照顾小动物、种植等。

其实这些家务在孩子 1 岁半左右就可以让他们练习去做，我们在《蒙台梭利家庭方案》（0 ～ 3 岁）中详细地分享了这一部分内容。

晾衣服

擦玻璃

做家务不仅能锻炼孩子的手眼协调能力和肌肉力量，还能让孩子感觉自己是家庭的一员，有责任和爸爸妈妈一起维护好家庭的整洁。孩子会逐渐变得不再以自我为中心，开始理解他人的感受和需求。这对孩子未来的社交生活很有帮助。

阅读角

在活动区，我们还需要布置一个阅读角，陈列孩子当下感兴趣的童书。

随着年龄的增长，孩子的藏书量会越来越多，可以教孩子将书籍分类。等孩子 3 岁以后，便可以将更多的童书摆放在书架上，有的呈现书脊，有的呈现封面，便于收纳和选择。

阅读角

厨房

看过《蒙台梭利家庭方案》（0 ～ 3 岁）的父母应该了解，很多蒙氏活动是在厨房中进行的。

在厨房里，我们可以为孩子准备一块安全的工作台、一个梯凳，以及一个收纳小号餐具、厨具的抽屉或者柜子。孩子可以踩上梯凳，自己洗菜、切菜、削皮、压汁、烘焙、煮饭、炒菜，还可以自己洗碗、晾碗等。

小号餐具、厨具收纳柜

家里来客人时，我们还可以鼓励孩子给客人端茶倒水，给孩子示范如何优雅地待人接物。

让孩子自己洗碗

户外

室内的活动大多是为了辅助孩子精细动作的发展，而 3 岁以后，孩子更需要广阔的场地来促进大动作的发展。因此，除非极端恶劣的天气，每天应尽量保证孩子拥有 2 ～ 3 小时的户外活动时间。

扫描二维码，参考更多蒙氏家庭环境的设计方案。

户外运动除了自由玩耍、跑跳攀爬等外，还可以是带着孩子游泳、骑车，让他们逐步从平衡车过渡到自行车。

平衡车

自行车

在一个对孩子友好的生活环境中，孩子一定会展现出令我们惊讶不已的潜力，你会慢慢发现：他竟然可以自己穿裤子！他竟然可以清扫地板！他竟然可以自己准备早餐！

“让我自己来！”相信所有的父母都曾经感受过孩子与生俱来的动力，只要我们给孩子提供了自己动手的机会，以及帮助他成功的环境，孩子就会坚信：“我可以！”这对于自信心的建立是多么重要啊！

当然，自信、独立只是一方面，这其中还蕴藏着更深层的意义。这些日常生活中的锻炼能有效提高孩子的控制能力、协调能力、肌肉力量、专注力、意志力、耐心、秩序感、逻辑思维能力等，为孩子接下来发现和探索这个广阔的世界做好了最重要的准备。

预备一个能激发孩子潜能的启蒙环境

也许你还在感叹这么小的孩子竟然可以自己照顾自己，还能做不少力所能及的家务事，殊不知，3～6岁的蒙氏娃还能展现出更多令人称奇的潜能。

一个3岁的孩子能精确地识别数十种香料。

一个4岁的孩子能在不知不觉间掌握成百上千个汉字。

一个5岁的孩子能沉迷在四位数四则运算的世界里不可自拔。

一个6岁的孩子能头头是道地讲解空气热胀冷缩、火山爆发的原理。

大多数父母很容易低估孩子的潜能。蒙台梭利博士说过：**教育的目的不仅仅是传播知识，更应该有一种新的发展方向，那就是释放人的潜能。**

如何释放？我们只需为孩子准备好环境，在一个能激发潜能的环境中，每个孩子的天赋都会逐渐展现。

我们的启蒙环境分为4个部分：感官探索、语言表达、数学逻辑、科学文化。虽然我们将不同的领域分门别类，但是不代表它们是分割开的，每个领域实际上都相互关联。比如，各个领域内的分类归纳都是数学逻辑能力发展的预备；各个领域新词汇的引入，也都是书写和阅读最好的素材来源。最理想的状态是将所有内容自然而然地融入日常生活中。这套蒙台梭利家庭方案从分领域探索开始，而终极目的是将各领域的知识整合，在孩子的脑海中建构一个纵横交错但是清晰有序的世界地图。

这套方案中的大部分活动没有标明具体的建议年龄，最后那幅长卷图中对照的年龄也仅供参考。因为孩子在3～6岁这一时期的个性化差异越来越大，父母需要通过对孩子进行长期的观察和深入的了解，为孩子准备当下感兴趣、能力所及的活动。这套家庭方案如同一桌满汉全席，孩子的自主选择会透露出他的“口味”，即他的兴趣倾向。我们的家庭教育，重要的是找到孩子的兴趣点，尽量扬长，而不是一味地补短。同时要意识到，显性的知识积累其实是次要的，而首要的是孩子自主探索、发现的热情和自信。让我们跟随着孩子的节奏，用三年时间，在家中实践蒙氏教育吧。

孩子不配合怎么办

合理安排好孩子的日常生活，最基本的是保证孩子充足的睡眠时间、户外活动时间、自由玩耍时间，以及亲子阅读时间。此外，当孩子主动邀请你陪伴时，我们就可以说：“我给你展示一个好玩的工作吧。”或者问：“你想和我一起做颜色的游戏呢，还是邮票的游戏？”

孩子选择之后，就找一个安静的、不会被打扰的地方，和孩子一起将工作道具取来，开始给他示范介绍。这个时候，如果孩子没有显露出积极好奇的状态，我们就暂停，再找找其他孩子真正感兴趣并且挑战难度适中的活动；如果孩子很专注，并且迫不及待地想要尝试，我们就只在一旁静静观察，让他自由探索。等到觉得他不需要你的时候，再悄然退出。

家庭不同于教室，我们不能照本宣科地实践书中的方法，而是要尽量在日常生活中启发孩子，真正引起孩子的兴趣后再灵活地实践。

AT HOME MONTESSORI 蒙妈日记

昨天女儿亲自下厨，等油热的工夫，无聊地拿着锅铲敲水龙头，我说：“这样锅铲会沾上水哦，油一碰到水就会飞溅，溅到我们脸上会烫伤，很疼的。”

女儿说：“油就是水啊。”

我说："油不是水，是液体。液体有很多种，比如水啊，油啊……"说到这儿我竟然词穷，一时想不起来液体还有什么。

女儿不说话，眼珠子滴溜溜地转，继续等油热。

今天早上喝牛奶，她突然问："牛奶是液体吗？"

我恍然大悟："对，对，牛奶也是液体。"

我意识到，女儿抽象出液体的特质了。

我继续说："世界上的大多数物质有三种常见形态，分别是固体、液体、气体。这个桌子，还有这个杯子都是固体，你喝的水和牛奶是液体。气体嘛，我们看不见的空气就是气体。"

女儿急急地说："妈妈你看，这杯子上的热气也是气体。"

我连忙说："对，对。这些热气正从液体变成气体，等一会儿完全变成空气，就看不见了。"

我觉得正好是时候来和孩子做探索空气存在的实验了。

有了系统、完整的实践方案，在家实践蒙氏教育还有一个重要元素，就是你的游戏力。没有哪个孩子喜欢教条的大人。

如果你觉得自己没有游戏力，别担心，我们给你几个游戏力锦囊。

三段式游戏

三段式游戏在蒙氏教育领域被称为"三段式教学法"。每次给孩子介绍一个新东西的名称时，都可以用这个方法。下面举个例子：怎样用三段式游戏来介绍球体、正方体和三棱锥呢？

第一阶段：命名。触摸球体，说“球体”。用同样的方式介绍“正方体”和“三棱锥”。重复命名几次后，进入第二阶段。

第二阶段：认出来。伸出手，跟孩子说：“请把三棱锥放在我的手上。”如果孩子选对了，就说：“谢谢你。”如果孩子错误地将正方体放在了你的手上，就对他说：“谢谢你给我正方体，我现在去拿三棱锥。”在重复的过程中，可以开始变换花样，比如闭上眼睛说：“请将正方体放在我的脑袋上。”或者说：“请将球体藏在你的口袋里。”大部分孩子都会欣喜地合作，在游戏中熟悉这三个形状。当我们确定孩子已经掌握得很好了以后，就可以进入第三阶段。

第三阶段：说出来。直接指着一个正方体问孩子：“这是什么？”不过这一阶段要谨慎开始，尽量延长第二阶段。

距离游戏

在感官活动中使用距离游戏的机会比较多，当孩子不满足于简单探索时，距离游戏能重新激发孩子的兴趣，而且这类游戏还能大大锻炼孩子的记忆力。比如进行远距离配对，将装有不同味道的嗅觉瓶放在房间的另一边，让孩子闻过一种味道后，再去房间的另一边取那个装着一模一样味道的嗅觉瓶回来。

除了远距离配对，还可以远距离排序。比如将同一色系的色板放在房间的另一边，我们拿着其中一块色板让孩子看过后，再让孩子去房间的另一侧取比这个颜色更深或者更浅的颜色色板。

环境游戏

当孩子了解了一些知识后，我们就可以带他一起有意识地在身边的环境中发现并应用这些知识。比如，让孩子拿着红蓝数棒，去和房间里的家具比较高矮；学习颜色的时候，还可以让孩子在房间里或者去大自然中搜集颜色相同的物品。

寻找颜色相同的物品

这些游戏的共同特点是：让孩子动起来。因为 3 ～ 6 岁这个阶段的孩子处于动作敏感期，智慧的父母就是要想办法让孩子动起来、有目的地忙起来。

没有蒙氏教具怎么办

可能很多父母会问，这些蒙氏活动是不是必须要给孩子准备很多蒙氏教具才行？没有蒙氏教具怎么办？

其实，当你掌握了蒙氏教育理念和方法体系之后，就会慢慢发现，生活中的一切都可以拿来当作蒙氏教具，还可以利用身边的材料自制简易的蒙氏教具。

本书中，每个板块内容的后边都附有一个二维码，通过扫码，大家也可以参考世界各地蒙氏家庭的经验。

不过，大家在自制蒙氏教具的过程中，不得不注意下面几个问题。

难度分离

每个活动都要注意将难度分解开，一次攻克一个难点。这是最重要的一点。为什么这么说？社会心理学家罗伯特·西奥迪尼（Robert B. Cialdini）[①]认为：在某一时刻，人脑所能注意的事项的数量是有限的，如果一个人同时做两件需要用脑的事情，比如开车的同时打电话，那他的大脑在处理信息的时候就必须在两项任务之间来回切换。结果是，虽然这个人同时在做两件事，但没有哪一件事能真正做好。就好像很多人在面对一碗极其鲜美的汤时，都禁不住会闭上眼睛去品尝，自动关闭其他感官通道，才能将所有注意力都集中在味觉上。成人尚且如此，更何况大脑还没有发育完全的孩子呢？

这就是为什么蒙氏教具都会将难度分离的重要原因。比如感官探索部分，刚开始都是单一元素的探索，如果孩子探索的是颜色，就将教具的形状统一；如果孩子探索的是形状，就将教具的颜色统一。不能一开始就将形状、颜色等放在一起同时让孩子分辨。

搭粉红塔

事实上，市面上的大多数玩具都有同样的问题，就是用多个难度的叠加来吸引家长的眼球，其实并不适合孩子早期的探索学习。

① 全球知名说服力研究专家罗伯特·西奥迪尼的社会心理学著作《影响力》（原书第5版）已成为斯坦福大学的经典教材。本书中文简体字版已由湛庐文化引进、北京联合出版公司2019年出版。——编者注

同时，我们还要注意另一个难度分离的关键，就是面对孩子，做动作的时候不要说话，说话的时候不要做动作，这样孩子才能更好地专注于我们想要传达的信息。

错误控制

教具是一个生动有趣，而且还不会指责孩子的老师。在蒙台梭利教室中，老师并不是孩子的老师，教具才是。因为教具本身具有一个神奇的功能，就是错误控制。孩子不需要别人来告诉他："你做错了。"如果我跟孩子说这句话，那他极有可能就甩手不干，很久都不再碰这个教具了。

比如感官教具中的二项式盒子，如果搭建不对，盒子就盖不上，孩子自然会自发去调整，直到能够盖上盒盖为止。我们的教育是为了增长孩子的自信心，而不是将其摧毁。我们要小心呵护孩子的自尊心、自信心，让他觉得自己能够搞定。

搭建二项式盒子

从易到难

从易到难，不仅仅指知识点上要从易到难，更是指知识呈现的方式上，是直观形象的，还是抽象复杂的。比如数学学习中，我们先将 1，10，100，1000 用三维立体的方式呈现：1 是一颗珠子，10 是一根数棒，100 是一个正方形，1000 是一个正方体。之后再给孩子介绍 1，10，100，1000 这 4 个数字符号，最后才将实物和符号联系起来。

在家实践蒙氏教育，初期父母完全可以通过身边环境中的素材或者自制教具来实现，但是深入实践下去，尤其是在父母精力、时间有限的情况下，就不得不借助专业设计的蒙氏教具来为孩子进行感官几何、系统数学和中英文读写等方面的启蒙了。

但是，很多父母将相关的蒙氏教具搬回家后却发现，效果并不理想，因为蒙氏教具功能目标单一，体积过大，适合幼儿园使用，却不适合家庭使用。在一堆绚丽多彩的商业玩具中，蒙氏教具自然就被孩子冷落了。如果父母带着很功利的目的去“示范”教具，孩子又会很快识破父母的意图，感受到被迫学习的压力，这样的启蒙其实会适得其反。

于是在写完《蒙台梭利家庭方案》（0 ～ 3 岁）后，我就萌生了一个想法：设计一套适合在家中使用的蒙氏教玩具。这两年在写作本书的同时，我就尝试将这个想法变成了现实。附在本书最后的长卷图，展现的就是这套家庭版蒙氏教玩具的立体图。尤其是在孩子 3 ～ 6 岁这个阶段，我觉得有了这些专业设计的教玩具，才能真正帮助更多父母实现在家实践蒙氏教育的想法。

MONTESSORI AT HOME

蒙氏爸妈三级通关

书里的内容只是抛砖引玉，父母并不需要照搬所有。我们在书中每一板块的最后都为大家列出了初级、中级、高级三个实践层次，每个家庭可以根据自己的实际情况灵活实践，保证完成初级水平，努力实现中级水平，学有余力再尝试高级水平。

实践准备做好后，我们就可以开始了。第二章从神经科学的角度为你剖析了蒙台梭利教育背后的科学。如果你迫不及待，也可以先跳读到第三章，和孩子一起来认识和探索精彩的大千世界吧！

第二章
蒙氏教育背后的科学

很多人认为，做父母没有必要了解科学，只要听从专家建议就好了。可是，科学发展日新月异，很多“专家”的知识库却没有随之更新，很多关于大脑和教育的科学发展新动态并不为教育专家们所知，因此，父母最好自己多了解科学发展的知识，逐步建立起科学的思维，才能独立鉴别、理性选择。

那么蒙台梭利博士 100 多年前创设的蒙台梭利教育法，到了今天是否还适用呢？本章就带领大家从科学发展的角度来认识蒙台梭利教育，帮助父母更深入地理解蒙氏理念，更到位地实践在家蒙氏教育。

基因不是先天注定的

19 世纪，科学界正式提出了“遗传”这个概念。遗传究竟是怎么发生的，科学家们开始了各种猜测。

拉马克学说认为：生物可以根据自己的主观意志适应生存环境，用进废退，经常使用的器官或功能会得到强化，使用频率低的器官或功能会逐渐退化，并且这些改变是可以遗传给子代的。比如著名的长颈鹿的例子。按照拉马克的逻辑，长颈鹿为了吃到更高处的树叶便不断地拉伸脖子，久而久之，它的脖子就越来越长了，并一代代传了下去。依此逻辑，用在人的身上，那经常健身的“肌肉男”的儿子肯定也是“肌肉男”了，而且他们之后代代都是“肌肉男”。这种搞笑的演绎能够很轻易地被我们的常识推翻。不过拉马克学说在当时是具有进步意义的：他使人认识到了环境对人的影响。

后来的达尔文接受了拉马克的很多观点，尤其是“用进废退”。但是达尔文认为，只有适应了环境的生物变异特征才能留存下来。同样拿长颈鹿举例：达尔文认为是环境淘汰了那些脖子短的长颈鹿，通过一代代自然选择的积累，长颈鹿的脖子才会越来越长。

随着科学的不断发展，到了20世纪，科学家揭示出上一代人传给下一代人的这个神秘的物质就是基因，自此，以DNA作为遗传物质的经典遗传学便诞生了。

经典遗传学强调基因决定性状，通俗来讲就是“龙生龙，凤生凤”。基因的确很强大，在欧洲统治了几百年的哈布斯堡王室家族就有着代表性的大下巴，而且这种看起来并不好看的下巴倒成了王室尊贵血脉的象征，代代相传。要是那个时候有整容手术，估计那些崇尚王室生活的人肯定都会整出清一色的大下巴了。

再比如，在青藏高原地区生活的藏族人以及在喜马拉雅山南麓生活的夏尔巴人非常适应当地的高原气候。攀登珠峰的探险者往往需要雇用好几个当地人来帮他们拿各种装备，而且还要不断地吸氧，但是当地人登山就显得容易很多，基本上也不怎么需要额外吸氧，往往还能把身上携带的多余的氧气瓶卖给其他登山客。

为什么会这样呢？是因为当地人在高原地区生活久了，适应了环境，还是因为他们的基因里有特殊的编码呢？科学家通过基因测序得到了答案：居住在高原地区的人群中有明显的遗传特征，例如 EPAS1，EGLN1 等涉及缺氧诱导途径、红细胞的生产以及血管舒张性物质的基因产生了变异，使得他们与生活在低海拔的人群相比，具有更好的有氧运动能力、更有效的氧运输效率、更大的静息通气量、更高的血氧饱和度、更低的血红蛋白水平，以及在低氧环境下肺血管收缩反应性降低的能力，这些都让他们能够更好地适应高原缺氧的生活环境[1]①。

物极必反，片面强调基因的决定性作用就会走到另一个极端，即基因决定论。在强调遗传重要性的同时，非遗传的环境因素同样不可忽视。长期以来，生物科学家们在继续探索基因的同时，心理学界也一直在研究先天与后天的关系。

20 世纪上半叶，空白石板论流行一时。这一学说认为，人的行为发展完全是环境影响的结果。这种学说认为，孩子出生时是一张白纸，后天环境决定了一切。这一观点的代表人物就是约翰·华生（John Watson），他提出：“给我一打健全的婴儿，把他们带到我独特的世界中，我可以保证，在其中随机选出一个，都能训练成我所指定的任何类型的人物，包括医生、律师、艺术家、商人，或者乞丐、窃贼，不用考虑他的天赋、倾向、能力，以及祖先的职业与种族。我承认这超出了事实，但是持相反主张的人已经夸张了数千年。”

① 本书参考文献均通过数字上标方式标注。扫描书后“参考文献”页所附二维码，即可下载全部参考文献内容。——编者注

华生的最后一句话常常被忽略，这让他的观点看起来更加激进。华生认为，人的一切行为都是后天环境影响的结果。虽然他的观点激进、极端，但是人们开始意识到，环境确实对人的行为有很大的影响。

20世纪90年代以来，得益于人类基因组计划的完成，人类进一步认识了自己。分子生物学家们已经解析了人体将近两万多个基因的DNA序列和部分基因的功能。大人群相关性研究和动物实验研究也确认了一些特定基因的功能，比如肥胖基因、癌／抑癌基因、孤独症基因等。在基因时代，基因决定论似乎再一次占据了上风，看起来好像很多都是由先天决定的，后天环境的作用并不是那么大。

其实关于先天与后天，研究具有完全相同遗传背景的同卵双胞胎，就可以解决这些长久以来的争论。同卵双胞胎，是由同一个受精卵分裂而成，他们具有完全相同的遗传背景、完全相同的DNA序列，出生以前居住在相同的环境中，但从出生那一刻开始，随着年龄的增长，他们的成长环境会越来越不同。所以，拿同卵双胞胎研究先天与后天的问题，简直再理想不过了。

MONTESSORI AT HOME

科学实证

英国广播公司（BBC）有一部纪录片《孪生姐妹情》（*Twin Sisters*），记录了一个真实的故事。

出生在中国的一对同卵双胞胎姐妹分别被一个美国家庭和一个挪威家庭领养。在美国城市长大的米娅（Mia）过着一般美国城市女孩的生活，养父母给她创造了各种环境，帮她提高自身的竞争力。而在挪威小镇长大的亚历山德拉（Alexander）却过着不一样的生活，她在纯粹的大自然当中牵着小马、养着小老鼠。镇上只有一个小卖部，还有一个需要翻山才能抵达的学校。尽管生活环境完全不同，但是她们长得特别像，很多动作、表情、癖好都一模一样，像到让人不断感叹基因的强大。

有趣的是，尽管特别像，但是在挪威长大的亚历山德拉明显个子更高，而且随着年龄的增长，两个人在面部细节上有了不少差异。按理说这两个小女孩的基因组完全相同，按照先前的经典遗传学观点，这对姐妹应该完全一样，可到底是什么造成了两个女孩很多小小的不同呢？那一定是后天环境的不同造就的。

心理学界通过同卵双胞胎的研究，了解到先天与后天对性状的影响各占一半，其中后天环境中的那一半，还包括 20% 的孕期影响。所以说，孩子在出生之后，父母的养育只占 30% 了。

生物学家算不出这么精确的数值，但是可以通过一个个基因研究推测出每一个方面先天、后天影响的侧重。2019 年，哈佛大学研究团队通过对 156 万大人群（包括 5.7 万对双胞胎）的研究结果表明：像身高，还有阅读障碍、多动症等认知相关疾病的遗传影响因素更大，而像语言、社交能力，以及肺癌、类风湿等病症，则是后天影响更大。这项研究发表在著名的《自然遗传学》（*Nature Genetics*）杂志上[2]。

经典遗传学认定基因决定性状，可是像米娅和亚历山德拉随着成长，容貌、性格表现出越来越多的差异，这些现象经典遗传学都解释不了，于是就有了表观遗传学（Epigenetics）[3]。

1939 年，生物学家康拉德·沃丁顿（Conrad Waddington）率先创造了“表观遗传学”这个术语。算起来这门学问已经有七八十年的历史了，但是它真正在科学界热起来，也就是近十几、二十年的事情。表观遗传学，简单来说，就是 DNA 序列不发生变化，但基因表达却发生了可遗传变化的现象，就是后天经验可以改变基因的编码作用。就好比同卵双胞胎的基因一模一样，他们手握同一副牌，可随着后天经验的增多，他们不仅打牌的手法越来越不同，而且手里的牌也在发生着改变。

随着表观遗传学的发展，一些前人无法解释的现象得到了科学的诠释。如果我说温度可以决定动物的性别，会不会让很多人感到颠覆了认知呢？但这种现象的确发生在海龟、鳄鱼等爬行动物中。海龟和鳄鱼把蛋产在海岸沙滩上，这些蛋是利用太阳的热量，以及杂草、淤泥受潮后的热量进行孵化的。有研究表明，动物的性别一般在孵化的第 7 ～ 21 天决定，30℃以下孵化出的幼鳄是雌性，34℃以上孵化出的幼鳄则为雄性。产卵的位置也是影响因素。孵化出雄性的巢一般筑在温度较高的向阳坡，而孵化出雌性的巢则一般筑在温度较低的低凹遮蔽处的湿沼泽里。当然，妈妈是会平衡儿女比例的。研究表明，表观遗传学机制在温度决定性别的过程中起到了决定性的作用[4,5]。

环境的影响会通过表观遗传学机制影响生物体内基因的表达。不过这种表观遗传学修饰所带来的可塑性并不只会带来好处。比如亲身经历过险境的人会留下深刻的记忆，而且这样的经历很可能会影响到后代。

MONTESSORI AT HOME

科学实证

发表在《自然神经科学》（*Nature Neuroscience*）上的一篇文章通过研究小鼠发现：单个生命体的经验会通过精子“遗传”给下一代。研究人员将雄性小鼠关起来，定期向其喷洒带有杏仁味的苯乙酮，同时用轻微电流刺激小鼠的脚。经过三天的训练，小鼠已经将味道和电击联系在了一起，每当闻到带有杏仁味的苯乙酮，都会原地不动，十分恐惧，而且这些小鼠还很害怕巨大的声响。

10 天后，研究人员从这些小鼠身上收集精子，注射到没有过此种经历的雌性小鼠的卵细胞中。这些受精卵发育长大后，研究人员发现下一代小鼠对杏仁味的苯乙酮依旧敏感，当它们闻过这个味道后，也会产生类似父辈畏惧电击和巨大声响的现象。研究人员对父辈小鼠精子中的苯乙酮受体基因 Olfr151 的启动子区进行了 DNA 甲基化水平测试，发现经过训练的小鼠，该基因的 DNA 甲基化水平明显比正常小鼠的要低。这就导致了它们嗅觉系统的该基因表达较高（一般基因启动子区甲基化和基因表达呈负相关），于是对这种气味更加敏感。这些小鼠遗传给后代的不仅仅是基因，还包括通过经验获得的信息[6]。

科学家证实，人类也有类似现象。我们祖先的各种经历都会通过表观遗传修饰遗传给后代子孙。比如，研究发现，在 1944—1945 年荷兰饥荒期出生的孩子，成年后冠心病和肥胖症的发病率有所上升。这是因为，妊娠早期母体暴露于饥荒期的孩子与母体没有暴露于饥荒期的孩子相比，胰岛素样生长因子 II（IGF2）基因的 DNA 甲基化较少，引起该基因遗传高表达，所以造成了以上疾病的发病率攀升[7]。

科普作家戴维·申克（David Shenk）在《天才的基因》（*The Genius in All of Us*）一书中写道：先天后天之争，因为表观遗传学而显得苍白无力。表观遗传学可能是自发现基因后的另一项最重要的发现。

通过表观遗传学，我们发现先天后天不是分离的，而是交织在一起、相互影响的。后天的环境能够改变先天的基因，然后成为下一代的先天基因。

先天、后天这种交织错综的关系让我们深刻地认识到，后天环境的影响远远超出了我们的想象，表观遗传学的发现，能让大家更加重视孩子的早期教育，也能让大家更好地理解蒙台梭利教育法，因为这套教育法的核心就是为孩子提供“有准备的环境”。

3 ～ 6 岁孩子必需的 5 大环境要素

早期的人类祖先都是用四肢行走的，直立行走、用火和使用工具是现代人区别于古人类的主要标志。直立行走的人类身体发生了很大的变化，最重要的一点就是骨盆变小，直接后果就是造成女性的产道过于弯曲狭窄。但是智人的脑容量却越来越大，据考证是因为生活在非洲的早期人类食用了大量的鱼类，引起了脑容量的暴增。逐渐增大的大脑和愈发狭小的骨盆之间的矛盾，造成了人类生产困难，迫使人类在婴儿大脑还没有完全成熟前，就要将孩子生出来。这和很多动物是完全不同的。

出生时，婴儿的大脑尚未成熟，于是就造成了父母抚养的困难，但是也有一个好处：出生时尚未成熟的大脑具有极强的可塑性，为人类用后天经验影响并改造孩子的大脑提供了可能。婴幼儿的大脑非常神奇，只要浸润在适宜的环境中，就会快速地发生改变，毫不费力。这种改变恰恰印证了蒙台梭利博士提出的吸收性心智的理论。蒙台梭利博士说：**0 ～ 6 岁孩子的心智如同海绵，能够不费吹灰之力吸收环境中的所有信息。**吸收性心智，用现代科学的语言解释就是大脑可塑性。

人的大脑，可塑性最强的时期就是 6 岁之前。随着近年来成体神经干细胞的研究进展，我们知道成年人的大脑通过强化锻炼和环境的刺激，可以部分恢复由于大脑损伤而失去的功能，因此推测成年人的大脑也具有一定程度的可塑性。但 2018 年发表在《自然》（*Nature*）上的研究结果又显示：人在早期发育之后，神经元的生产数量急剧下降，到成年时戛然而止[8]。

不论成年人的大脑是否真的如这项研究所说，完全没有了可塑性，但即使还有，这种可塑性也已经微乎其微，如果想要改变，就需要付出极大的努力。

既然环境对孩子的成长如此重要，那应该为 3 ～ 6 岁的孩子准备什么样的环境，才能更好地塑造他们的大脑呢？

我们总结了 5 个关键词：丰富、有序、真实、个性化、低刺激。

丰富的环境

在动物实验中，经常用到一个概念，叫作“丰富的环境”（enriched environment）。什么是丰富的环境呢？就是在老鼠的笼子里准备各种材质的碎布、纸、刨花，以及五颜六色的玩具来刺激老鼠的视觉、听觉、触觉等感官的发展，还要准备笼子、滑梯、能钻的管道来提高老鼠的认知能力，再让一群老鼠生活在一起，来增加它们的社交机会。

听到这里，你会不会感觉像是孩子的幼儿园？对了，我们就是构建了这么一个老鼠幼儿园。

一只老鼠，如果只给它吃的、喝的，那只是给它提供了饲养的贫瘠的环境，与丰富的环境形成了鲜明的对比。其实，只要父母用心养育，就相当于是给孩子创造了一个丰富的环境；如果父母对教育漠不关心，只管孩子吃饱穿暖，没有给他提供任何发展上的支持，那么给孩子提供的就是贫瘠的环境。

那么在丰富的环境和贫瘠的环境中成长起来的老鼠有什么差别呢？实验表明，在丰富的环境中饲养的老鼠能够引起神经系统形态结构上的变化，比如大脑的体积和重量，以及大脑皮层的重量和厚度都会有所增加，同时还会使大脑树突、轴突、突触发生变化。

突触可塑性常常伴随着行为学功能的改变。研究表明，在丰富环境中饲养的老鼠具有更强的认知能力和空间记忆能力。丰富的环境能加速老鼠大脑海马的发育，促进大脑神经回路的成熟。饲养在丰富的环境中的老鼠能够更快地在迷宫中定位。

如果剥夺了大脑和环境的接触会怎么样？

中国的神经生物学家做过一项研究，就是拔掉老鼠的胡须，看看会造成什么后果。我们可以想象，拔了胡须，也就等于剥夺了老鼠的触感，最终会造成它触觉发育不良。但是研究发现，拔了胡须不仅会让老鼠触觉发育不良，同时还减缓了老鼠大脑中其他感官皮层的发育。后来将老鼠放在黑暗的地方饲养，相当于剥夺了它的视觉发育机会，最终也得出了相同的结果，不仅造成了老鼠视觉发育不良，它的其他感官也都受到了影响[9]。

因此，为老鼠提供一个丰富的环境，比如一个丰富的听觉环境，让它可以听到各种声音，能够尝试各种乐器，不仅有益于听觉的发展，很可能对其他感官的发展也有刺激作用。

老鼠尚且如此，比老鼠的大脑复杂得多的儿童大脑，就更需要一个丰富的成长环境了。

所以在这套蒙氏家庭方案中，我们为 3 ～ 6 岁的孩子准备了丰富多元的环境，一个能够让孩子动手参与的家庭环境，而不是衣来伸手、饭来张口的贫瘠环境。当孩子积累了足够的动手、感官经验之后，再为他准备一个全方位的启蒙环境，让他在语言表达、数字逻辑、科学文化三个方面的潜能得到充分的释放。

每个孩子的兴趣倾向都不一样，但是我们要给孩子提供一个完整的环境，就像一桌满汉全席，让孩子可以受大脑发展的驱使，选择最能支持个体大脑发展的内容。而如果环境比较单一，那就如同清汤寡水，孩子照样也能成长，但是很多潜力在大脑极其可塑的阶段就不会得到激发。

著名儿童发展专家艾莉森·高普尼克（Alison Gopnik）在《园丁与木匠》（*The Gardener and the Carpenter*）① 这本书中，关于父母如何助力孩子的成长，有过这样的论述：

> 如果孩子是卡尔·波普尔（Karl Popper）笔下的科学家，我们就是高校和资助机构。通过我们，孩子拥有了我们想也想不到的资源、工具和基础设施，并会用它们去解决问题。同样，就像做基础研究一样，当我们支持数以千计的不同项目时，结果会比孤注一掷要好很多。

高普尼克的比喻非常形象，我们很难要求学校面面俱到，但是在家中可以为孩子提供相对学校来说更全面的环境支持，再观察以及跟随孩子的自主选择和自由发展。

3 ～ 6 岁孩子的成长环境中还有一项最为迫切的，就是丰富的社交环境。蒙台梭利博士也曾发现，这个阶段正是孩子的社交敏感期。但是很多家庭不足以为孩子提供这个环境，所以幼儿园最大的功能就是提供了一个让孩子和近龄儿童相处的机会。

蒙台梭利班级通常是3～6岁的混龄班，混龄相比同龄环境更加丰富，为什么这么说呢？因为孩子经常是通过观察和模仿来学习的，混龄的环境为观察和模仿提供了更加宽广的可能性。科学界有一个非常有趣的发现，

① 国际儿童学习研究泰斗级专家艾莉森·高普尼克“天生学习家系列”的集大成之作《园丁与木匠》，深刻揭示了孩子行为背后的学习规律，直击父母焦虑根源，给你带来教养思维的全新升级。本书中文简体字版已由湛庐文化引进、浙江人民出版社 2019 年出版。——编者注

当恒河猴有目的地做某个动作时，例如摘水果，脑电图会显示它的某些特定神经元处于激活状态。更让人惊讶的是，当这只猴子看到同伴做出相同的动作时，这些神经元也会被激活。

这类刚刚被发现的神经细胞就像一面镜子，能直接在观察者的大脑中映射出别人的动作，所以被人们称为镜像神经元（mirror neuron）。有了镜像神经元，当一个孩子在看另一个大一些的孩子操作他从未做过的教具时，他大脑中的相关区域也会非常活跃，当未来某一天他自己模仿操作这些教具的时候，就会十分熟练。镜像神经元的发现在心理学界引发了巨大的轰动，甚至连知名心理学家 V. S. 拉马钱德兰（Vilayanur S. Ramachandran）都在 2000 年特别撰文评价："镜像神经元的发现之于心理学，相当于 DNA 的发现之于生物学的意义，可以解释迄今为止仍然神秘未解而又难以付诸实验验证的众多心理能力。"

混龄班级环境

在混龄的蒙氏环境中，每个教具只有一份，这就要求孩子必须等待别人完成后才可以开始这项工作，也就有了更多机会让他在旁观看。观看的过程中，孩子的大脑其实已经开始模拟演练了，所以等他拿到这份教具时，就能很快地上手操作。这就是蒙氏环境能实现个性化教学的一大秘诀：环境和同学是孩子的老师，而蒙氏老师只是观察者和预备者。

当然，镜像神经元的存在不代表孩子只要通过观察就可以掌握各种能力。要想固化由经验塑造的神经网络，还是必须得亲自操作，重复、重复、再重复。

有序的环境

从前文动物实验的结果中，我们知道了丰富的环境和贫瘠的环境对孩子成长的差别，但是并没有得出“环境越丰富越好”这个结论。

很多不靠谱的教育文章或者兴趣班经常拿着一张神经元网络图来忽悠家长。这个图会显示出随着孩子月龄的增加，大脑中神经元的数量会由少变多，由此父母们自然会觉得“多多益善”，要竭尽所能给孩子提供最丰富的环境。现实中也有好多家长跟风似的给孩子报名各种兴趣班，家里堆满了各种不合时宜的玩具和书籍。

我们再仔细看看图 2-1，大家会发现这张图其实不仅仅显示了神经元增加的过程，也显示了其削减的过程。

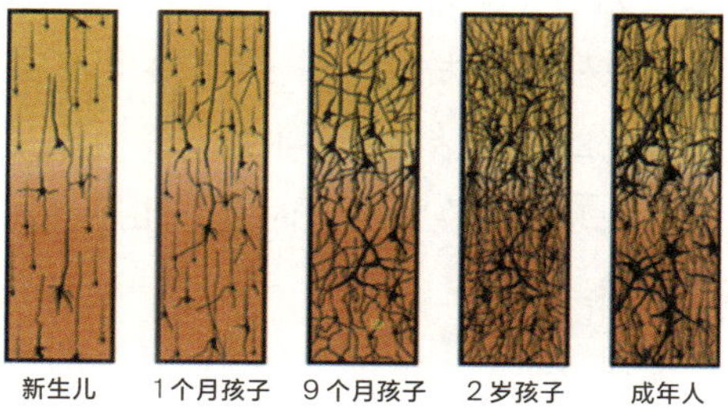

图 2-1 神经元随生长变化的连接图[10]

实际上，所有人的神经元数量从出生到成年都会经历一个由少变多再变少的精细化过程。在这个过程中，大脑里的神经元网络会逐渐从杂乱无章变得整齐有序。

新生儿的大脑就像一张粗糙、简陋的草图，经过后天环境的一次次影响，图上的细节会越来越多，这张大脑地图才会变得越来越精致和有效。孩子大脑中的神经元不仅是在不断地增加，同时也在大规模地削减。大规模地削减，听起来有点恐怖，但其实这个削减过程对大脑非常有意义。只有把那些使用过却没有被激活的神经突触淘汰了，才能让大脑越来越精致，越来越高效。人类大脑的发展遵循的原则是用进废退。

如果没有这个削减过程，会怎样呢？

我们知道孩子完成一件事比成年人要慢得多，包括吃饭、走路、穿衣服等，这是因为孩子大脑中的神经网络线路特别多，特别杂，效率非常低，经常需要绕很多弯路。虽然说人类的大脑在早期产生了大量突触，让其拥有了可塑性，但是突触过多造成的弊端就是效率低。如果没有削减过程的话，孩子就永远无法获得身体独立。所以，通过日常生活中的动手训练，将大脑中多余的突触削减掉，对于大脑效率的提高非常必要。

那什么样的环境才能帮助孩子提高大脑的工作效率呢？

在一个无序的环境中，孩子最明显的特征就是难以专注。神经生物学家迈克尔·默策尼希（Michael Merzenich）的实验发现，专注力跟长期的大脑改变有很大的关系。他做了很多实验，比如当猴子专注于一件事的时候，它的大脑结构就会永久地发生改变。如果猴子没有专心致志地做一件事，而是心不在焉地同时做好几件事，那它的大脑也会发生改变，但是改变的神经网络不会保持下来。默策尼希验证：只有在有序的环境中，才有可能对孩子的大脑进行有效而长久的塑造[11]。

有序的环境如此重要，那该如何为孩子构建呢？一方面是外在的家庭环境要尽量保持秩序，给孩子有限又有益于当下发展的选择；另一方面就是科学的启蒙方法，我们要遵循儿童学习发展的规律。

从整体上看，本书这套 3 ～ 6 岁蒙氏家庭方案中的感官探索、语言表达、数学逻辑和科学文化 4 大板块都是遵循从简单到复杂、从具象到抽象、从整体到部分的逻辑顺序的。

面对一个 3 岁的孩子，我们要从日常生活和感官探索开始。在这些活动中，孩子的动作、口语和意识会得到充分的发展，等他积累了足够多的感官经验后，才能开始进行更加抽象、复杂的书写、阅读、数学和科学文化学习的启蒙内容，而这些探索经验将会为孩子进入小学阶段完全抽象化的学习做好理想的准备。

从每一个板块的实践来讲，同样要遵循科学的顺序，比如我们不能直接给孩子看各种地形的照片，直接告诉他这是岛屿、那是峡湾，而是要给他一个直观、形象的模型来呈现这些抽象的地形概念。

家庭启蒙教育，只有给孩子准备一个科学有序的环境，才能帮助孩子提高大脑效率，逐步实现身体独立，进而实现心智独立。

真实的环境

蒙氏教育提倡让孩子尽可能多地接触真实环境，与现实生活建立联系。3 ～ 6 岁的孩子已经逐渐分清了真实和想象，因此与上一本《蒙台梭利家庭方案》（0 ～ 3 岁）中的主张不同的是，我们认为 3 ～ 6 岁的孩子可以循序渐进地接触多样的绘本故事，直至 5 岁左右，他的逻辑思维发展到了一定的程度，就可以开始听童话传说了。

我们夫妇俩的蒙台梭利教育导师是德国的 AMI 认证考官玛利亚·若

斯（Maria Roth），她曾是蒙台梭利博士的儿子马里奥·蒙台梭利（Mario Montessori）的学生。若斯老师给我们讲过一些关于蒙台梭利博士的私密趣闻，这些趣闻能帮助我们更好地理解蒙台梭利教育思想，尤其是理清一些关于“真实环境”的误区。

比如，很多人误以为蒙氏教育完全禁止虚幻故事。事实上，蒙台梭利博士的孙子小马里奥曾经说过，他的奶奶也经常把他抱在腿上给他讲童话故事，但是奶奶对外却一直呼吁要给孩子讲真实的故事。奶奶跟他解释说，因为在那个年代，人们只给孩子讲虚幻的故事，她认为只有特别强调真实故事的重要性，才会让大众意识到孩子需要了解真实世界，并开始努力改变。

其实这个问题在今天依旧突出。如今，孩子们常会沉迷于大人主动提供的一些“卡通故事”不可自拔，比如奥特曼，我们不应该主动给孩子营造一个脱离现实生活的虚幻世界，当这个虚幻世界的吸引力超过了现实生活，孩子就会主动选择更“有趣”的世界了。

在家蒙台梭利社群曾经有一位妈妈给亚楠提问：

> 孩子自从接触了奥特曼之后就一发不可收拾，每天沉迷于奥特曼和各种打怪兽的活动，除了睡觉时间，睡醒觉一睁开眼睛就开始跟各种怪兽打仗：窗帘怪、凳子怪、沙发怪……如此一直到晚上睡觉前，还从自己众多的奥特曼以及周边玩具中选了两个“侍寝”……我本以为小男孩有自己的喜好也没什么大碍，但是现在出现了一个问题：孩子在面对其他小朋友拿了他的玩具或者做了他不喜欢的事情时，会发射“奥特激光”或者拿手中的“奥特曼宝剑”“飞毛腿”攻击其他小朋友。现在该如何是好呢？

亚楠给出的建议就是尽量将与奥特曼相关的内容从生活环境中减少到

最少，同时给孩子提供高质量、有吸引力的其他取代方案，比如一起做家务劳动、好玩的手工活动或者带孩子到大自然中去探险，给予孩子持续的高质量陪伴，引导孩子回到美好的现实世界中。

还有很多人误以为蒙台梭利教育理念提倡真实环境，所以完全反对孩子玩假装游戏，但蒙台梭利博士的孙子小马里奥曾经说过，家里时常出现孩子们在花园玩过家家的场景，奶奶从没说过不可以。

蒙氏环境允许孩子玩玩具，但是会积极努力地为孩子提供真实的工具材料，比如带孩子真正下厨做饭。孩子可以带着洋娃娃来到教室，但是当他发现了更有吸引力的真实工作，比如照顾班里更小的小朋友之后，很快就会忘记洋娃娃这回事了。

在我们家，女儿也常常会自发地玩起模拟现实生活的假装游戏，我们并不会干预，有时还会积极地参与进来配合她玩，因为玩假装游戏的好处也很多。但是我们还是会不遗余力地给孩子提供更加真实的体验机会，比如当孩子热衷于假装成医生时，我们就会带孩子阅读相关的科普书籍，观察救护车，带孩子去医院的时候还会给她详细介绍医生的工作生活、工具器械等。

个性化环境

个性化环境，指的是跟随不同孩子的不同敏感期来为他准备成长环境。如今，“敏感期”这个概念已经被很多人误用、滥用，所以我们先正本清源，了解一下敏感期概念的由来。

其实“敏感期”这个概念，最初是由荷兰生物学家雨果·德弗里斯（Hugo De Vries）在 20 世纪初研究动物发育时首先提出的。这位生物学家发现，蝴蝶在刚刚破茧时会受到光的吸引爬到树的顶端，因为树顶端的叶子比较嫩，而它们还比较小，只能吃嫩叶。等到蝴蝶发育健全，可以吃老叶子之后，它们就不会再受到光的吸引，也就从树顶上爬下来了。德弗里斯觉得蝴蝶幼虫有一个被光吸引的敏感期，当它们不再需要的时候，这个敏感期就消失了。

蒙台梭利博士受德弗里斯的启发，发现孩子的成长过程中也有类似现象，因此将敏感期的概念应用到了幼儿教育上。她认为，孩子会在某一短暂的时期内对环境中的某一部分表现出强烈而持续的兴趣，在这期间，孩子会大量重复同样的活动，乐此不疲直至熟练。

敏感期时的大脑皮层很有弹性，只要浸润在某种环境中，其结构就会快速地发生改变。我们发现，蒙台梭利教育理念中的敏感期与大脑发育图基本吻合。比如孩子从 3 岁开始到 6 岁这个期间，处于社交敏感期，在这个时期，孩子大脑中与执行控制功能相关的前额叶皮层会逐渐成熟。前额叶皮层的执行控制功能包括自我控制、注意力、解决问题、计划、推理、创造力和灵活性。伴随着这类功能的成熟，孩子会渴望更多的互动活动，也会展现出更多的社交需求。

幼儿的敏感期具有严格的时序性，这与大脑相应部位神经回路发育成熟的顺序密切相关。从母亲怀孕到婴儿出生，胎儿大脑里的神经细胞数量就已经足够多了。出生后，婴儿的大脑所面临的课题就是如何把这些神经细胞联系起来，让它们协同工作。在这个过程中，神经细胞会经历增长、大规模削减以及迁移。大脑的动态可塑，是因为大脑还有足够多的突触没有被削减，当某一方面多余的突触被一点点削减时，主要的神经回路连接便完毕了，这个系统最终需要的便是稳定。到此，敏感期就结束了，大脑的神经可塑性也就变得很小了。

如果孩子错过了敏感期，会发生什么？

蒙台梭利博士早期还受法国两位科学家影响比较大，其中一位就是让·伊塔尔（Jean Marc Gaspard Itard）。关于伊塔尔医生，最著名的事情就是他曾收养过一个野孩子。

MONTESSORI AT HOME

科学实证

一个叫维特的孩子在森林中被人捕捉到，传说他是在森林里被野兽养大的。在 1800 年被人发现的时候，维特已经 12 岁了，但是除了号叫，他没有任何人类的语言能力。伊塔尔医生试图教维特学习发音、字母，却始终收效甚微。小维特在语言学习的敏感期没有像其他孩子一样发展语言和智力，随着大脑可塑性的逐渐变小，他大脑中与语言能力相关的神经突触或许已经被淘汰，无法建立新的连接，因而从头学习语言的挑战可想而知。伊塔尔医生虽然最后没有成功，不过他的尝试对日后特殊教育的发展影响深远，可以说是启智教育的先驱，而且影响了蒙台梭利博士的教育理念和方法。

在大脑中，与语言能力相关的神经中枢位于大脑左侧，包括布罗卡区和韦尼克区。位于左脑前叶的布罗卡区主要负责语言信息的处理和话语的生成，位于大脑颞叶的韦尼克区主要负责理解单词的意义。可以说，韦尼克区是我们的词典，而布罗卡区是我们的语法书。研究显示，布罗卡区受损的患者无法说出完整的句子，他们说话的感觉就像打电报一样，在蹦单词，但是并不影响他们对意思的理解。而韦尼克区受损的患者则会产生严重的失语症：他们虽然能说出类似整句的话，但是完全不知所云。

非常有意思的是，孩子在刚开始说话的时候也是先蹦单词，然后慢慢开始说出更多的词，最后才能说出完整而有意义的句子。神经生物学家通过研究可以很好地解释这个现象：负责记忆单词的韦尼克区发育较早，而负责语法的布罗卡区的发育则需要依靠外界经验的辅助。随着神经细胞髓鞘化的逐渐形成，大脑用于传导信息的神经网络高速公路在大约4岁的时候逐渐形成。在这一过程中，人类的基因给了我们区别于其他动物可以开口说话的先天基础，但是后天经验的塑造则决定了我们最终能否开口说话。

研究还显示，负责处理语法的布罗卡区的关键发育期在6～7岁结束，而韦尼克区并没有界限分明的关键期。所以，要想让孩子日后具备良好的语言能力，就必须抓住语言敏感期，释放孩子的语言潜能。在上一本《蒙台梭利家庭方案》（0～3岁）中，我们分享了作为两个中国人在家对孩子进行早期双语教育启蒙的实验，到这本书出版为止，双语实验的效果一直很理想，目前孩子已经可以自然拼读了。

低刺激环境

低刺激环境，换句话说就是朴素的、没有声光电元素的环境。

在互联网时代，父母们必须要面临一个新的课题，那就是电子产品的取舍。身边很多家庭都会主动给孩子提供平板电脑，有不少还是打着寓教于乐的旗号。孩子们捧着平板电脑既能学习知识，又能解放父母，何乐而不为呢？但是我们不认为在这个阶段，大规模地利用电子产品“学习”是适合6岁以下孩子的方式。

MONTESSORI AT HOME 蒙妈日记

今年去巴黎过圣诞节，顺路去探访了曾经工作过的学校，这也是离开法国三年后，第一次带着女儿回去。

三年，以为曾经带过的孩子都离开了，想不到一进学校大门，就碰到了一位熟识的妈妈。我们热络地聊了起来，由于她和埃罗和的妈妈走得最近，我自然问到了埃罗和的去向。

这位妈妈说：“她回到家里了，在上家庭学校（home school）。”

我惊讶地问：“为什么？”

这位妈妈突然支支吾吾起来，没有给我一个明确的答案，我也没有再追问。后来我回想起埃罗和的很多事。

埃罗和 5 岁才进入我的班级，我很快发现她的阅读能力领先同龄孩子一大截。于是我给她提供了很多阅读小书，但她并不感兴趣。有一次她甚至告诉我：阅读真恶心。

记忆再往前推，那是刚开学时的家长会。大家在讨论电子产品的利弊，校长提出，真正有教育意义的 App 其实非常少。这时有一位家长立马反驳道：“不会啊，现在很多 App 设计得非常好，我女儿这个暑假就一直在玩，她在阅读方面进步飞快。”

这位家长就是埃罗和的妈妈。

当时我并不好意思当众颠覆她的“成功”经验，只是委婉地提出了我的观点，大概意思就是蒙氏教具非常朴素，就是不想给孩子过多的刺激和干扰，不然孩子很快就会对不那么绚丽的学校教育失去兴趣。

后来埃罗和的妈妈也意识到了问题的严重性，因为埃罗和虽然掌握了阅读技能，却并没有对阅读产生真正的兴趣，整日央求着妈妈“玩一会儿手机”……

回想起这些，我便猜想到为什么多年之后的埃罗和要被迫在家里接受教育了。后来我的猜想也得到了校长的证实。

除了会对眼睛造成不可逆的伤害，研究表明，过多的屏幕时间实际上还损害了涉及情绪处理、执行注意、决策制定以及认知控制的大脑区域。与朴素的蒙氏环境相比，电子产品最大的特点就是高刺激性，而这容易过于快速地激发孩子大脑中的奖赏机制。

孩子很容易被屏幕上绚烂多彩的感官刺激吸引，或许顺便也学到了不少知识，但是孩子并没有对知识燃起真正的热情，一旦脱离了电子产品这个载体，没有了“点一个按钮就能出现声音和应接不暇的精彩画面”的环境，孩子是否还愿意通过加倍的主动和辛苦的付出来学习呢?

使用电子产品学习，一个简单的动作就能获得那么多奖赏，就会制造出那么多的多巴胺，小小孩童如何能抵挡?这其实和过去在幼儿园里，老师给孩子奖励贴小红花的本质是相同的，只不过更加频繁和刺激罢了。

蒙台梭利博士反对通过奖励和惩罚的方式诱导或者逼迫孩子学习，因为这样会破坏孩子对学习的内在驱动力。现实有益的环境往往是低刺激的，比如探索粉红塔，孩子需要一块块地搬运，然后搭建，刚满3岁的孩子或许要花半个小时的时间才能完成这项工作，这么迟缓的奖赏怎能和眼花缭乱的电子产品相比呢?

没有了电子产品这种能让孩子轻而易举获得激励反馈的东西，他才更容易沉浸在我们为他准备的朴素环境当中。所以，我们应该多鼓励孩子真正地与现实生活相联结，带他慢节奏地探索颜色、形状、声音、味道、文字、数学、地理、动植物、时间等原本精彩的世界。当我们真正激发了孩子对真实世界的兴趣，才能让孩子在未来拥有尽管被虚拟世界包围，也不会沉迷其中的内在力量。

当然，随着科技的发展，孩子们会不可避免地接触越来越多的电子产品，我们也不需要走向另一个极端，视电子产品如洪水猛兽。其实只要我们在孩子 6 岁之前，没有将电子产品当作孩子的“保姆”或者“老师”，而是从一开始就给孩子示范电子产品的正确使用方法就可以了，比如可以将互联网当作更加快捷方便的百科全书。而且，随着孩子心智的发展、自律的出现，只要我们循序渐进地增加孩子使用电子产品的时间和频率，科技就会成为家庭教育的帮手，而不是敌人。

未来的蒙台梭利教育

蒙台梭利教育理念是经得起科学推敲和实践检验的，同时蒙氏教具也在随着时代的发展而逐步变得完整和完善。

新时代的蒙氏教具，依然运用天然材料制作展示。比如给孩子进行计算机科学启蒙，可以让孩子了解计算机原理、打印机及屏幕显示原理等，但并不是非要通过让孩子使用计算机才能实现。例如美国麻省理工学院媒体实验室开发的一些基于蒙氏思维的木质教具，就可以简单、生动地让孩子理解计算机的二进制算法，以及一些简单的命令语句。计算思维是一种解决问题的技能，孩子掌握了这种技能，还可以应用于其他学科之中。

二元塔

这些塔分别是 8 个球高、4 个球高、2 个球高和 1 个球高，用于表示二进制计数。塔要么完全填充到顶部，要么保持全空状态。当塔被装满时，盖子会关闭并显示“1”；当塔为空时，盖子会保持打开状态并显示为“0”。孩子通过将塔填满来领会二进制计数法，塔盖上的数字显示球的数量所代表的二进制数。

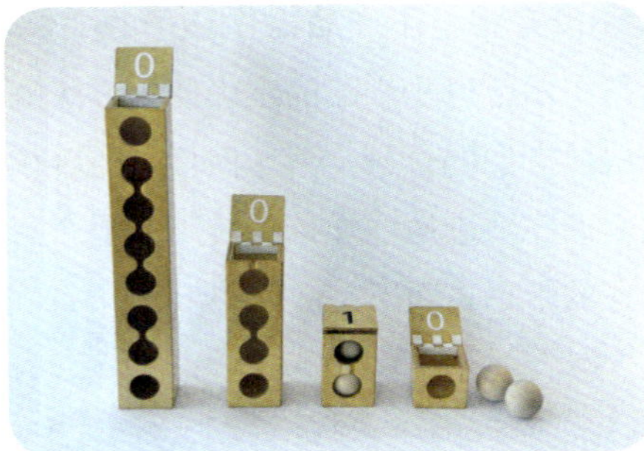

二元塔[①]

编程像素板（Pixel Boards）

编程像素板使用物理块来创建简单的代码行，以此来构建绘图。这些物理块由软木板上的瓷砖马赛克组成，孩子可以通过数字代码来探索图像的构建方式，以及图块如何表示像素，即图块越多，图像内容就越详细。

编程像素板[②]

① 该图由金伯莉·史密斯（Kimberly Smith）授权使用。

② 同上。

负责这个项目的金伯莉·史密斯写道："如果计算机科学是一门新的语言，我们正在创建的这些学习教具就是这门语言的'ABC'"。这些教具并不能帮助孩子掌握计算机科学，却会为他们未来的深入学习埋下一颗种子。在探索的过程中，孩子不知不觉激发了兴趣，积累了感官经验，就如同我们在之后的章节中将会讲到的，蒙氏的感官教具和数学教具能够为孩子未来的数学学习做好准备一样。

当今世界，各行各业的人才开始进入蒙台梭利教育这个领域，为这经久不衰的教育方法注入新鲜的血液。蒙氏教育，不仅经得住上百年时间的考验，还会随着时代的发展不断与时俱进。我们夫妇二人将会共同努力，用现代科学语言为家长诠释蒙台梭利教育，并介绍适应新时代的蒙氏新教具，设计适合家庭应用的蒙氏教玩具，为蒙氏教育进入更多的中国家庭贡献绵薄之力。

PART2

实践篇：

手把手带你
在家蒙氏育儿

我的工作就像是把好的小麦种子准备好，提供一块肥沃的土地，以便孩子可以按照自己的意愿播种。但事实并非如此。当我去到地里，我发现的是黄金，而不是小麦。土壤中藏着珍贵的宝藏。

——玛利亚·蒙台梭利

第三章
感官探索

蒙台梭利博士认为，智力的内容无一不来自感官的获取，外部知识的元素都是通过感官获得的。5 种感官像 5 扇大门，让知识源源不断流入人的心智。心智将信息整合，精心地组合、储存，构建知识的结构。

在与孩子的朝夕相处中，我渐渐地发现，感官这 5 扇大门，从一出生就是完全敞开的，孩子只是对涌入大门的信息不加选择，不论这些信息对现实生活重不重要，他们都会予以关注。就在我们不太留意的地方，孩子可能表现出了惊人的天赋。

MONTESSORI AT HOME 蒙妈日记

有一天我和女儿在游乐场玩，有个小朋友在滑梯轨道里哭了。

女儿头也不抬地说：“湘湘哭了！”

湘湘妈妈听了立马站起来过去看，果然是湘湘。

游乐场里有一大堆的孩子，笑声、哭声此起彼伏，连妈妈都分不清楚自己孩子的声音，可是孩子却能瞬间识别。

——安尼卡妈妈

有一天午休时间，大家都躺好了。我发现一双袜子被扔在了地上，就问是谁的。可是没有人认领。这时候如意说："老师，给我看看。"

如意拿着袜子闻了闻肯定地说："是瑞瑞的。"

我都震惊了，一问果然是！

——魏老师

蒙台梭利教室中，特别为孩子准备了一个丰富细腻、秩序优美的感官世界，能让孩子亲手摸、亲眼看、亲耳听、亲自闻和尝，借此来体验其中的微妙差异，将这些感官经验分类、对比、配对、排序，蒙台梭利博士相信这些经验会帮助孩子的感官持续地精细化发展。从脑科学的角度来讲，这些经验会帮助孩子将自己的感官天赋更长久地激活、保留，不至于在理性大脑的建构过程中，逐渐地被削减和埋没。

蒙台梭利博士曾经在她的著作中写道：

我们的感官教具为儿童打开了世界之门，开拓了他的视野，让他能够看到更多细节，而这些是他在尚未接受教育时感受不到的。同时，与孩子高能量相关的一切都成了一种刺激，促使他的创造力发挥作用，让其饱含探索精神的心智产生更多的兴趣。

如果我们给儿童提供一些具有不同特征的物体，就像给他提供了一份字母表，给他打开了知识的大门。儿童一旦学会了区别每个物体的特征，以及每个特征在不同阶段的特点，他就可以进一步了解周围的环境以及这个世界。外界的这一“字母表”具有不可估量的价值。事实上，文化不仅仅是信息的积累，也是性格的完善。教授一个感官受过训练的儿童和教授一个感官尚未受训练的儿童截然不同。

蒙台梭利学校的陈垠老师跟我讲，他有一个美国同事，小时候上的就是蒙台梭利幼儿园。据那位同事自己说，因为小时候经常做色板的工作，发展出了一种叫作绝对记忆的机制。你随便给她看一个颜色，比如某种蓝色，她就能凭着记忆，买到跟那个蓝色深浅一模一样的蓝衣服回来。

可见，丰富有序的感官环境能够帮助孩子的感官处于最活跃的状态，在比较、分类、配对、排序等活动中，感官敏锐度不会随着年龄的增长逐渐降低，反而会越来越发达，甚至达到刚刚那个案例中的“特殊机制”的状态，这种“特殊机制”在现实中也有很多意义，比如在服装设计、音乐创作、红酒品鉴等行业中的应用。

那应该如何科学地为孩子准备一个丰富有序的感官环境呢？蒙台梭利博士曾写道：

好的感官教具就是能够成功地将一个抽象的概念具体化，以一种合适的方式呈现给儿童，也就是达到在可感知的物体的外观下，儿童的心智能够喜欢它并对它产生浓厚的兴趣。可以从物化的抽象这一角度来看待感官教具。它以一种独特、有形、有序的方式为儿童展示颜色、大小、形状、气味和声音等，使儿童自发地将这些性质进行分析和分类。

具体来说，我们要从视觉、触觉、听觉、味觉和嗅觉几个方面来做准备。

视觉部分，包括物体的颜色、形状和空间位置。刚开始应将孩子的注意力集中在一个重点上，比如探索颜色的教具是形状统一、只有颜色变化的色板。

触觉部分，包括触摸物体表面粗糙光滑程度、触摸布料等。也是要让孩子先从单一的性质开始，慢慢再增加难度，以更精细的触觉为基础进行综合感觉能力的练习。比如让孩子蒙上眼睛，关闭视觉通道，完全用手来识别物体的大小、形状、温度、重量等。

听觉部分，从辨别声音，到鉴赏音乐、了解乐器。

嗅觉和味觉部分，即让孩子闻和尝不同的味道。

蒙氏的感官教育为孩子提供了一个精细感官经验的环境，在这个丰富有序的环境中，让孩子的视觉、触觉、听觉、嗅觉和味觉，各个部分的感官都得到刺激发展并且相互助益。

更重要的是，这些还不是蒙氏感官教育的全部意义。这些感官经验还有更深层的目的，那就是提高孩子的逻辑分析、语言表达、综合概括等能力，为今后进入更加抽象的书写、阅读、数学、科学等学术领域的学习做好积累和准备。

比如蒙氏感官教具中有很多都会涉及几何学。很多研究表明，用传统方法学习几何，孩子需要费很大的力气才能在脑海中描绘出形状，要花更大的力气才能在脑海中“翻转”这些形状。而在蒙氏教室，孩子是通过触摸来学习几何的，他们不仅可以用眼睛看，还可以通过亲自动手操作来探索和发现形状之间的关系和组合变化。

就连抽象的二项式定理，也是通过可搭建的积木块来展示其几何含义的，比如二项式的可视化教具。

二项式立方盒

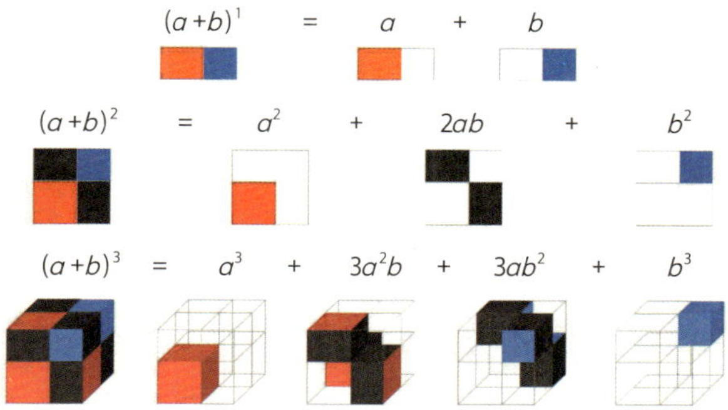

三次幂的二项式展开可视化

蒙台梭利博士曾写道：

> 儿童生活的环境中一般都缺乏与数学精确性有关的东西。大自然为幼儿准备了树木、花草与动物，却没有与数学精确性有关的东西。因为缺少机会，必然会妨碍儿童数学倾向的发展。所以，我们把感官教具当作“具体化的抽象或基础数学”体系。

因此，在之后的语言表达和数学逻辑部分，我们还会不断地回到感官活动当中。也许从表面来看，感官探索没有语言表达和数学逻辑那样会带来更直接的效果，但是感官探索对于孩子心智的发展意义深远，是整套蒙氏家庭教育方案的根基。

视觉 · 三维空间

在蒙氏教室里，积木可不是普通的积木。

蒙氏教具中有三套最经典的积木：粉红塔、棕色梯、红色棒，它们是专门用来辅助孩子通过视觉辨别和触摸来感受物体的三个维度。粉红塔、棕色梯、红色棒分别指向三维变化、二维变化和一维变化；每套积木都是由 10 块小积木组成，体现的是数学中的十进制；每一块积木的递增都是等量的。以粉红塔为例，粉红塔由 10 个立方体构成，三个维度即长、宽、高以三次幂的代数方式递增。

当我们和孩子一起从大到小搭建结束后，会发现整个粉红塔呈现出三维立体的视觉美感。蒙氏教育通过教具来展示数学的和谐之美，以此激发孩子与生俱来的数学心智。

粉红塔

棕色梯

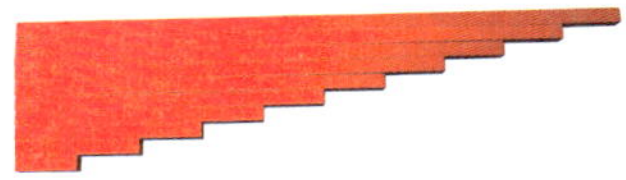

红色棒

粉红塔、棕色梯、红色棒为孩子积累了最初关于数学十进制、几何和体积等抽象概念的具象经验。通过搭建粉红塔、棕色梯和红色棒，孩子不仅具象地认识了物体的大小、粗细、长短，提高了视觉辨别能力，同时他的动作控制能力、专注能力和逻辑判断能力都会逐渐提高。

当孩子可以轻松搭建塔、梯、棒后，便可以继续发挥创意，搭建出更多造型，或者将两三套积木组合拼搭起来。

红色棒迷宫

棕色梯和粉红塔组合拼搭

父母要了解，孩子的空间几何启蒙，最理想的道具就是高质量的积木。将我们小时候，或者孩子的哥哥姐姐玩过的积木收集到一起，同样可以培养孩子的空间想象力，关键在于巧妙引起孩子的注意和兴趣。

MONTESSORI AT HOME 蒙妈日记

德国的父母很青睐二手玩具市场，因为德国盛产高质量的木头玩具，如果这些玩具没有留在家族中一代传一代，就会在二手市场上转让给新手父母。

我也在二手玩具市场为女儿淘了很多二手积木，各种款式的满满一大箱。可是刚开始女儿对积木一直兴趣不大。

有一天，我一个人很认真地挑出了箱子里各种大小不一的红色圆柱，从大到小水平排列，然后又将它们垂直搭成红塔。很快，女儿就被吸引了过来，在一旁睁着大大的好奇的眼睛观察了我一会儿，然后就开始自己找同一种颜色的积木块搭建了。从那以后，积木便成了她最爱的玩具之一。

视觉 · 颜色

借助色板，我们带孩子进入多姿多彩的颜色世界。

蒙氏教室里共有三套色板教具：第一套色板展示的是三原色，即红、黄、蓝；第二套色板，共有 11 种颜色；第三套色板，共有 9 组、63 种颜色。

第三套色板也可以叫作渐变色色板，可以让孩子将每组同色系的颜色从深到浅排列，呈现出渐变色的效果。我们的肉眼大约可以区分出上百万种颜色，因此渐变色色板可以激发孩子对细微色差的注意和兴趣。

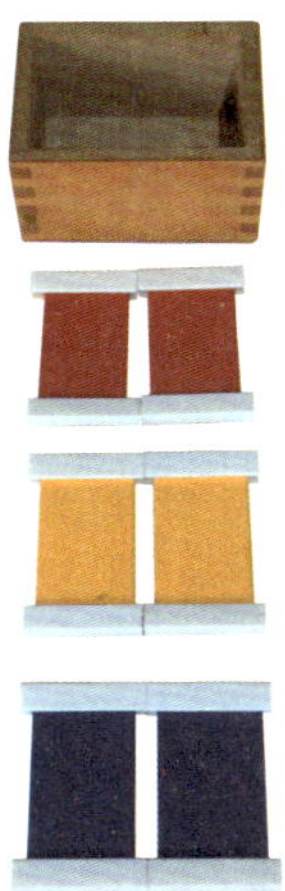

第一套色板

第二套色板

第三套色板

在家中，我们可以通过颜色纯正的色卡、色布或者色板来为孩子介绍颜色。每介绍一种颜色，就可以带着孩子在家里或者大自然中寻找一样的或者相近颜色的事物进行配对和比较。当孩子认识了很多种颜色之后，就可以让他利用身边所有多彩的物品，比如扣子、彩笔等做颜色分类。

MONTESSORI AT HOME 蒙妈日记

和孩子一起逛街，也可以是奇妙的感官之旅。今天的主题是探索颜色，女儿特别积极地帮我选衣服，然后我和她一起分析衣服的颜色："你选的紫色给人冷的感觉，你的皮肤适合这种冷色，但是我更适合暖色，我们一起找找暖色调的衣服吧。"

于是女儿开始马不停蹄地寻找，不断地问我："妈妈，这个是暖色吗？"

虽然色调冷暖的概念对于女儿来说还有点难理解，但是她对颜色越来越敏感，后来找到了一个橘色的衣服，问我："妈妈，这个是太阳的颜色，很暖。"

我说："的确是，橘色是暖色，谢谢你呀，能不能帮我找找更浅一点的橘色，更浅一点的橘色会更适合我。"

于是女儿开始兴趣盎然地对比她找到的各种橘色衣服，嘴里还念念有词道："这个太深，这个比较浅……"

我们还可以跟孩子一起做三原色混合小实验。比如红色和黄色混合成为橙色，红色和蓝色混合成为紫色，黄色和蓝色混合成为绿色。我们还可以在同一种颜色中加入白色或者黑色，观察颜色的变化。

三原色混合小实验

视觉 · 形状

从平面形状到立体几何形状，我们可以带孩子进入千变万化的形状世界。

在蒙氏教室，有一个很大的抽屉盒子，总共 6 层。上面一层是三个最基础的形状：圆形、三角形、正方形。下方每一层都会展示同一类别的不同形状，比如某一层展示的都是正多边形。孩子可以触摸不同的形状，并记忆各种复杂的名称。

蒙氏几何抽屉

当孩子熟悉了所有形状后，我们便可以带他一起将形状嵌板和卡片进行配对。这项活动能让孩子通过感官培养抽象思维，比如孩子看到一个木头的平面几何形状，就能认出这是三角形。那么在卡片上画一个三角形，他能认出来吗？

在家中，我们可以用硬纸板裁剪出各种形状，或者利用形状拼图、形状印章来给孩子介绍形状，还可以和他一边散步，一边寻找建筑中的形状，或是在大自然中用小木棍、小树枝来搭建记忆中的形状。

等孩子熟悉了基础的平面形状之后，就可以给孩子介绍 10 个立体几何形状：正方体、三棱柱、长方体、三棱锥、四棱锥、圆柱体、圆锥体、球体、椭圆体、卵形体。

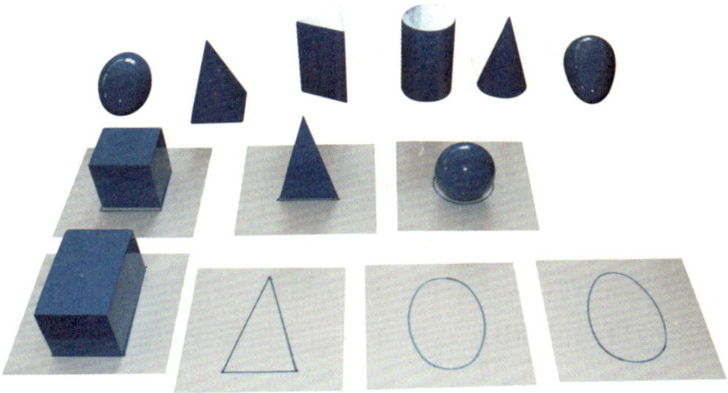

立体几何形状

同样也可以将立体形状和卡片进行结合配对。孩子会发现，有的立体形状可以与不同的卡片相配，比如三角锥既可以配三角形，也可以配正方形；有的卡片可以与不同的立体形状相配，比如圆形既可以配球体，也可以配卵形体。孩子可以自由地探索发现形状世界的奥妙。

在家中，我们可以将生活中的实物与立体形状联系起来，时时激发孩子的联想。比如吃蛋卷冰激凌的时候，就可以联想到圆锥体。还可以用磁力片玩具搭建立体形状，或是用黏土、橡皮泥捏出各种立体形状，再用刀切开横截面，让孩子观察横截面是什么平面形状。

视觉 · 彩色圆柱

前面讲到的感官教具都是单一难度分离的，不管是三维空间，还是颜色或者形状，都是让孩子专注探索一个要素。接下来，我们要试着让孩子将这些要素组合起来进行探索了，比如色彩斑斓的三维空间探索——彩色圆柱。

蒙台梭利博士设计的第一个感官教具其实是插座圆柱，这个教具可以让孩子在探索三维空间的同时，锻炼三指抓握能力，为未来的握笔书写做基础练习。这也是为什么我们在《蒙台梭利家庭方案》（0 ～ 3 岁）中推荐带有小抓手的拼图的原因。1 ～ 4 岁时多给孩子玩带抓手的拼图，将来练习握笔会更容易。

插座圆柱

彩色圆柱就是在插座圆柱的基础上，增加了颜色的变化。彩色圆柱分成 4 组，如果一一探索的话，功能和粉红塔、棕色梯、红色棒类似，因为这两套积木大部分的维度变化设计是一样的。

彩色圆柱

按照先易后难的顺序，我们先找出同粉红塔的三维变化一致的一组，从大到小水平排列，然后再搭成高塔。其他三组的操作也是类似。等孩子能单独完成这 4 组的搭建后，再来尝试两组组合搭建、三组组合搭建，最后是将这 4 组组合搭建到一起。

视觉 · 百变形状

给孩子提供多色及大小渐变的三角形、圆形、正方形卡片，孩子便会发挥创意将这些形状组合成各种造型，在这个过程中，他会逐渐发现内切圆、外切多边形、线、角、弧等概念，有助于未来更好地理解几何形状之间的关系。

百变三角形

百变正方形

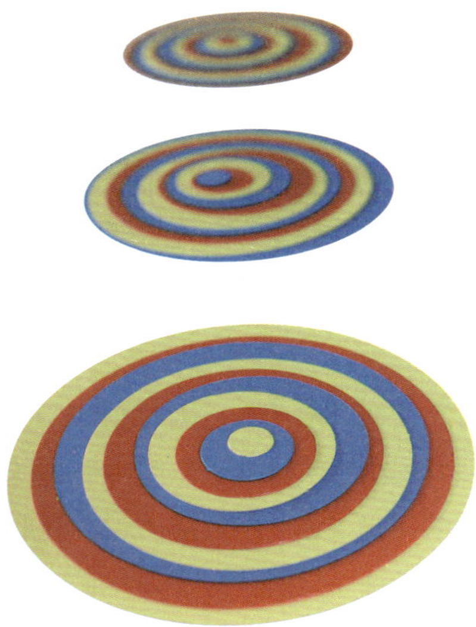

百变圆形

在家中，我们很容易用彩纸或者不织布裁剪出大小渐变的圆形、三角形、正方形，来和孩子一起拼接各种创意图形。

视觉 · 魔力三角形

三角形相当有魔力，因为所有由直线构成的平面几何图形都能由三角形构成。蒙氏教具中的构建三角形教具，很像我们小时候玩的七巧板，不过全部都是五颜六色的三角形。孩子可以通过拼接、翻转、叠加等方式构建出正方形、长方形、菱形、梯形、六边形等。构建过程中，孩子能够直观地了解形状之间的关系，理解全等、相似、等价等几何抽象概念，为未来的几何学习奠定感官基础。

可以通过跟孩子对话、给孩子提问的方式，引导他发现三角形的魔力。

“看，这几个都是等边三角形。”

“将灰色的三角形重合到另外三个大三角形上，会发现什么？”

“绿色的大三角形是从中间分割的，那黄色和红色的是怎么分割的？”

“绿色的大三角形分割成了几个部分？黄色的和红色的呢？”

“将绿色大三角形分割出的一部分拿出来看看是什么形状？”

在家中，我们可以借助市面上常见的七巧板来和孩子一起探索三角形的魔力，和孩子用三角形拼接出正方形、长方形、菱形、六边形……在这个过程中，巧妙地引导孩子注意到形状之间的关系。

构建三角形

视觉 · 多项式可视化

二项式和三项式立方盒的操作，表面来看是孩子通过对形状和颜色的辨别来搭建正方体的过程，而实际上是在用手以及眼来亲自拆解和组合这两个代数方程式的内部结构：

$$(a+b)^3=a^3+3a^2b+3ab^2+b^3$$

$$(a+b+c)^3=a^3+3a^2b+3a^2c+b^3+3ab^2+3b^2c+c^3+3ac^2+3bc^2+6abc$$

二项式和三项式立方盒

十项式正方形则极为优雅地展现了多达 10 个变量的方程式几何含义，$(a+b+c+d+e+f+g+h+i+j)^2$ 这个式子看起来很复杂，但是我们完全可以将其具象成一个吸引孩子探索的多彩拼图。因为孩子有了二项式和三项式立方盒的经验，所以我们可以从二项式平方着手，将红色和绿色的拼图块分别看成一个边长为 a 的正方形、一个边长为 b 的正方形，以及两个边长分别为 a 和 b 的长方形，于是，由红色和绿色的拼图块组建的正方形，用代数形式呈现就是 $(a+b)^2$。然后再加粉色，就成了三项式平方 $(a+b+c)^2$，依此类推，一直到十项式平方，如同 10 个递增的正方形叠加。每加一种颜色，就构建出一个新的正方形。

十项式正方形

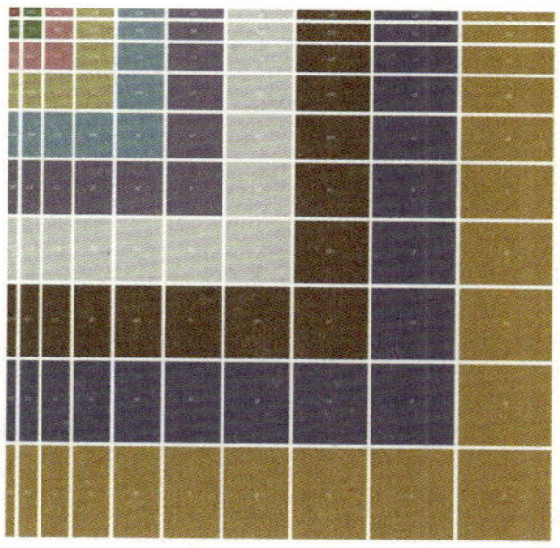

十项式平方的代数展开

我们完全不需要给孩子提及任何学术知识点，只是像玩拼图一样，让孩子自己发现其中的规律，等待孩子自发、主动地去完成这个拼图。对于代数、几何的启蒙而言，获得这些具象经验要比先记忆公式，然后生搬硬套要重要得多。当孩子专注、持续地完成了这项大工程后，不仅会在脑海中构建出壮观的十项式几何平面图，更重要的是建立了探索发现的自信。你会看到一个超乎寻常自律、专注的新生命。

如果孩子对积木搭建和拼图保有浓厚的兴趣，那么 4 岁半以后，就可以考虑为其购买相关的蒙氏教玩具了，因为市面上很难找到具有类似功能的玩具。

触觉 · 材质

前面讲的是感官部分的视觉探索，其实孩子在探索的过程中不仅仅是通过视觉在分辨，同时还要用手去触摸。将抽象的概念变得可触摸，这是蒙氏教学法最大的特色之一。而在触觉探索的活动中，反而要努力让孩子关闭视觉渠道。让孩子闭着眼睛感受粗糙或者光滑的表面，比如闭着眼睛触摸树皮或者大理石表面，这样能让他对粗糙或者光滑的触感有最直接、最深刻的触觉印象。

如果孩子能够分辨粗糙和光滑，就可以再进一步，让他触摸不同程度的粗糙表面，然后比较哪个更粗糙，比如将粗糙程度不同的磨砂板从粗糙到相对光滑进行排列。

我们还可以搜集多种不同材质的布料，比如棉布、麻布、天鹅绒、丝绸等，把它们剪裁成手绢大小，先让孩子感受这些布料的不同触感，熟悉之后，再将布料名称介绍给他。

触觉配对

还可以跟孩子玩一个配对游戏。不同的布料各准备两块，然后用眼罩将孩子的眼睛蒙起来，让他用手感受摸到的布料是什么材质，将两块相同材质的布料配对摆放。

生活中，在安全的前提下，应该尽量允许孩子到处碰、到处摸。摸不同的纸张，摸不同动物的皮毛，还可以比较物体的温度、重量等。比如用手来触摸杯子，比较哪个杯子里的水温更高；用手来掂量水果的重量，比较哪个更重。

精进触觉，除了闭上眼睛或者戴上眼罩摸，还可以跟孩子玩“神秘袋”游戏，即将物品放入一个不透明的袋子中，让孩子不依赖眼睛，完全靠触觉来辨别神秘袋里的物体。

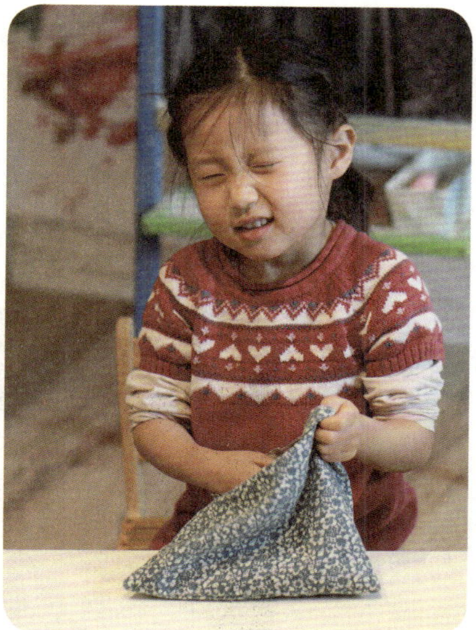

神秘袋游戏

我们可以准备三个神秘袋，难度逐渐增加：

- 第一个神秘袋里只放多个长方体和正方体；
- 第二个神秘袋里放多个立体形状，比如球体、圆锥体、三棱柱等；
- 第三个神秘袋里放各种有细微差别的小物件。

然后为孩子示范神秘袋的玩法。眼睛看向别处，把手伸入袋子，兴奋地说：“咦！我摸到了一把小勺子。”拿出来后一看，果然是一把勺子。

孩子看到你玩，也会迫不及待地想要自己尝试一把。

听觉 · 声音

蒙氏老师经常做一些帮助孩子发展听力的小活动，比如让大家闭上眼睛，老师在远处轻轻叫孩子的名字，让听到自己名字的孩子悄悄走到老师身边。再比如和孩子一对一地做音筒辨音和配对的游戏。

音筒辨音和配对

在蒙氏教室里，有时还能看到模拟钢琴 C 音阶的音感钟。孩子通过反复听，逐渐熟悉了所有音，然后就可以玩一些音阶的配对和排序游戏了。有的孩子经过练习甚至能开始简单地谱曲创作。

音感钟

我们在家里可以用同样的理念来带孩子进入奇妙的声音世界，比如带孩子感受大自然的声音，在大自然中识别各种动物的叫声，以及风声、水声等；带孩子听不同的乐器单独演奏的片段，然后给他展示这种乐器的小模型或者卡片，当孩子熟悉了这些乐器之后，就可以给他听某种乐器，让他找到相应的模型或者卡片；还可以和孩子一起玩简单的儿童乐器，像是敲鼓，带他感受强弱轻重的节奏。

我们还可以自制教具，跟孩子一起玩音阶排序的游戏：找来 5 个瓶子，里面装上容量不同的水，用勺子一个个地敲打瓶子，从声音最低沉到最尖锐进行排序，形成音阶。

说到音乐启蒙，我不得不提一下德国。德国诞生了很多世界级的音乐家，包括巴赫、贝多芬、舒曼、施特劳斯等，而且德国民众普遍具有较高的音乐素养。在德国幼儿园的音乐课上，孩子们可以感受高品质的现场音乐，跟随音乐自由地律动、舞蹈，用多种多样的乐器伴奏。不论多小的孩子，不论参与不参与，他们都会自发地沉浸其中，表现出超乎寻常的自律和投入。

德国著名的音乐教育家卡尔·奥尔夫（Carl Orff）曾说：“正如要有自然界中的腐殖质，才有可能使万物生长一样，要靠原本的音乐，才能发挥出儿童身上的力量。”

嗅觉和味觉 · 味道

人的嗅觉和味觉可以辨识上万种味道。我们要想引起孩子对味道的注意，激发他嗅觉和味觉的潜能，就带着孩子一起精细地辨别这些味道吧。

嗅觉方面，我们可以先让孩子辨别三种对比最鲜明的味道，比如胡椒、薰衣草、酒精。之后再准备更相近的味道，比如选择几种厨房里常见的香料，像是桂皮、胡椒、大料、丁香等，让孩子对比、辨别。

嗅觉瓶

味觉分为甜、咸、苦、酸，近年来，科学家又发现了鲜。刚开始，可以先让孩子分别品尝甜、咸、苦、酸这 4 种对比最鲜明的味道。比如，让孩子舔舔柠檬，问他："酸不酸？"吃口薯片，问他："咸不咸？"然后蒙上眼罩，让孩子一一品尝，说出尝到的味道。

再进一步，我们就可以带着孩子一起辨别更精细的味道了。同一种食材，比如不同品种的苹果，我们可以跟孩子一起品尝，然后说出它们的区别，并对它们命名，比如红富士、国光、黄香蕉等。

嗅觉是一种远感，味觉是一种近感，两者互通，整合作用。法国人拥有细腻的嗅觉和味觉，这便是为什么法国的美食、香水、红酒等能够世界闻名的原因。法国人有培养精细嗅觉和味觉的传统，法国人用来训练嗅觉的“酒鼻子”就像蒙氏教具中的高阶嗅觉瓶。

法国人鼓励孩子从小体验和品评丰富多样的味道，还经常用复杂的词汇来描述味道的层次。也正因如此，法国孩子较少会挑食，也对味道有更高的品位。

在法国的幼儿园，每周都有“goûter”（尝一尝）的活动，学校或者家长会提供自己擅长的菜肴或者甜点来供孩子们品尝。每年到了丰收的季节，学校都会安排孩子们采摘，然后对采摘回来的果实做味觉分类。

扫描二维码，视频号观看更多“在家蒙氏”创意。

掌握了方法，我们便可以利用身边现有的资源，带孩子进入丰富细腻的感官世界了。

MONTESSORI AT HOME

蒙氏爸妈三级通关

初级：在家里、大自然中以及城市的各个角落，我们可以随处留心色彩、空间、形状、触感、声音、味道等这些感官要素，随时随地引起孩子的特别注意。比如做饭的时候用到桂皮，就顺手让孩子闻一闻；和孩子一起仔细品尝饺子里包了什么馅儿；林间散步时和孩子一起驻足倾听不同的鸟叫声；多和孩子一起搭建积木，识别不同的积木形状……

中级：对每一种感官类别进行更精细的分辨，并引导孩子做配对和排序的游戏。比如拿着一块红色积木，在家里找到一些其他的红色物品，然后将这些红色物品从深到浅排列出来；给孩子摸一摸灯芯绒的质地，然后让孩子在衣柜中找出灯芯绒材质的衣物；选择变化规律、蕴含数学之美的专业积木让孩子自由搭建；用平面形状设计丰富多彩的创意造型……

高级：给予感官体验精确的命名，之后还可以用作孩子书写和识字的素材。比如让孩子闻味道，然后告诉他这是薰衣草香、这是酒精味等；如果孩子已经开始写字了，就可以给这些味道做识字标签；借助设计专业的教玩具为孩子进行蒙氏感官几何启蒙。

第四章
语言表达

如果有人问我，家庭教育有没有秘诀，我会告诉他：当然有，那就是跟孩子聊天。

2019 年，麻省理工学院通过对波士顿地区 30 多名 4 ～ 6 岁孩子的家庭进行跟踪调查，发现孩子与父母平时对话频率越高，他们大脑中负责语言的区域就越活跃。因此，和孩子展开有意义的对话，对孩子的语言、认知、社交等方面的发展都有很大帮助。这是科学界为数不多关于育儿的实证性研究结果，也是我一直以来努力向在家实践蒙氏教育的家庭推广的“秘诀”。

MONTESSORI AT HOME 蒙妈日记

这两天女儿生病了，但是她吃了两次药后坚决不再吃了。

今天她上完厕所，我戴上手套准备给她擦屁股。

女儿好奇地问："为什么戴手套？"

我说："你现在生病了，大便里也有病菌。"

说到这里，我突然来了灵感，计划在擦屁股前给她讲一个关于病菌的故事。

"现在你的身体里有很多病菌，医生开了药来消灭这些病菌。你看哦，现在假装我就是病菌，刚开始呢，我很活跃（手舞足蹈状）。吃了两次药之后，我就变成这样了（懒洋洋状）。再吃药，我就成这样了（奄奄一息状）。可是如果你现在停止吃药呢，我就又成这样了（手舞足蹈状）。"

女儿说："妈妈，吓死我了，我的心怦怦直跳。"

我坐下来一边抚摸她的后背，一边说："我会保护你的，让你吃药就是帮你消灭这些病菌。"

女儿表现出思考状，忘记吵着要擦屁股的事情了。

我继续说："这次的病菌非常厉害，医生都给你开抗生素了。"

女儿问："妈妈，什么是抗生素？"

我说："就是消灭最强病菌的药。这种药我们一般不用，只有病菌实在太强大的时候才用。"

女儿继续追问："为什么一般不用？"

我继续回答："因为身体里的细菌既有坏的，也有好的，抗生素会把好的细菌和坏的细菌都消灭掉。"

女儿又问："妈妈，什么是好的细菌？"

我回答：“就是在你肠胃里，帮助消化的细菌，酸奶里就有很多。不用担心，到时候我们多喝些酸奶就又能有好的细菌了。”

讲到这儿，女儿噌地撅起屁股让我擦，我知道她想通了。

晚上吃完饭，女儿闭着眼睛痛痛快快地吃完了所有的药。

只要用孩子容易理解的方式，真诚地和孩子沟通，孩子就会变得越来越通情达理。

很多父母觉得和这么大点儿的孩子没什么好聊的，还有的父母说根本没有这样的耐心和孩子聊天。

其实产生这些问题，最根本的原因就是成年人没有认识到，孩子也是一个有尊严、有思想的独立个体，而且还是个超级有潜能的学习者，他们无时无刻不在吸收和创造。

最有效的教育不是发生在你预备好的场景中，比如带着孩子去参加演讲班、口才班，这些都不如你在路上，牵着他的手，慢慢地和他聊一聊更有意义。

“瞧，这片叶子上有个洞。”

“你看看，天上的云是不是在动？”

“妈妈，那个人为什么要给自行车上锁啊？”

“爸爸，为什么有这么多不同颜色的垃圾筒？”

…………

不管对话由谁发起，每一个开场白都能引起连锁的思考和提问。经常这么跟孩子聊天的话，你很快会发现自己的孩子妙语连珠，我们平时跟孩子随意提及的一些小细节，他很快就能灵活地再创造，应用在自己的语言系统中。而且在这样的有效沟通中，父母的世界观、价值观等都会潜移默化地影响到孩子的未来人生。

和孩子聊天效果如此显著，可是如今很多孩子都在把越来越多的时间花在电子产品上，人机对话的时间甚至超过了与真人互动的时间。要知道，6 岁前孩子的大脑是极其容易被环境塑造的，孩子的童年时间如此珍贵，尤其对于 3 岁之后上了幼儿园的小朋友来说，在家的时间十分有限。就是在这么有限的时间中，如果陪伴孩子的是电子产品，就会让孩子的视觉环境发生极大的变化。大量的动画环境降低了孩子与真实世界互动的机会，抑制了他们大脑中视觉皮层识别语言符号的能力，也给未来的阅读、书写埋下了不小的隐患。因此建议父母一定要控制好孩子与电子屏幕接触的时间，多利用碎片时间和孩子认真聊天。除此之外，还要坚持每天与孩子一起亲子阅读。

亲子阅读，算是门槛最低的家庭教育方式。不过，为 3 ～ 6 岁孩子选择的童书要更有侧重性。随着他们的认知进步，文字篇幅应该越来越长，书的种类也要越来越丰富，比如展现儿童日常生活场景的绘本、科普绘本、艺术想象力绘本等。3 岁以后，孩子基本已经能够分清想象与现实，渴望更加深入地了解周围世界，所以童书的选择范围要比 3 岁前广泛许多。5 岁以后，孩子的抽象思维、逻辑思维快速发展，在这时，又可以逐渐增加历史故事、神话传说、名人传记等童书类型。

童书除了要品类多样外，还要留心孩子对哪几本书情有独钟，可以将其留在孩子触手可及的地方，以便随时反复阅读。这些烂熟于心的绘本可能会是孩子进入自主阅读阶段的首选书目。

和孩子聊天以及亲子阅读的重要性，也许已经成为很多现代家庭的共识，但是学龄前的孩子是否可以认字，早期阅读是否有益，目前还是备受争议的话题。

脑科学领域的权威专家斯坦尼斯拉斯·迪昂（Stanislas Dehaene）在《脑与阅读》（*Reading in the Brain*）[①] 中写道："幼儿阶段的孩子属于图像阅读阶段。2 岁时，孩子就可以识别物体的不同简化版本，能够从图像中提出相撞的抽象本质元素。"

拥有象形、会意等特点的汉字，对孩子来说便是一种比较抽象的图像，这就是为什么身边有那么多孩子不到 3 岁就自发对汉字感兴趣的原因。

MONTESSORI AT HOME 蒙妈日记

绵羊快要3岁的时候，看到什么字都要问我："这是什么？"

我向她说出一个字的读音和意思之后，她还会追问："是不是那个什么……"

于是我又继续向她解释是或者否。无论是在家里看绘本，还是坐地铁时看到广告，或者在路边看见路牌，任何地方的任何文字她都感兴趣。

我知道绵羊是真的对文字感兴趣了，于是抓紧时间给她制作了一些识字小卡片。我写了一些常见物品的名字，比如"乐高桌""平衡车""书房"等，然后用比较大的字打印出来，再剪成一张一张的卡片。

① 有"神经科学界诺贝尔奖"之称的大脑奖获得者、欧洲脑科学研究领域的领头人斯坦尼斯拉斯·迪昂在《脑与阅读》一书中，详细展现了人脑神奇的阅读能力，揭示了阅读如何塑造了人类的大脑。本书中文简体字版已由湛庐文化引进、浙江教育出版社 2018 年出版。——编者注

> 绵羊非常喜欢这套粗糙的小卡片，专门用一个盒子把它们装起来，几乎每天都要让我带她看，现在已经能认出其中的许多字了。
>
> ——绵羊爸爸

在生活中识字要比在学校识字轻松容易多了，“火车站”“卫生间”“请勿打扰”“小心楼梯”……这些指示牌可能就能让孩子在不经意间记忆大量汉字。如果孩子一直对识字保持着浓厚的兴趣，并且家长也给予了足够支持的话，那他到 4 岁多就有可能积累几百甚至上千个汉字了。

蒙台梭利博士通过长期观察儿童发现，孩子的书写敏感期出现在 3 岁半到 4 岁半之间，早于阅读敏感期到来。简单来说，就是孩子是先对“写”这件事感兴趣，之后才对“读”这件事感兴趣的。所以我们在孩子的书写敏感期到来时，要通过书写，让孩子在动作中记忆汉字。当然，大部分汉字对于这个阶段的孩子来说还太难，我们要通过书写前阶段的一些练习，比如描摹笔画和简单汉字，来帮助孩子积累识字量。尽管孩子目前可能还没有能力像大人一样用笔写出复杂的汉字，但是他可以通过磨砂笔画和磨砂汉字，在书写敏感期及时体验到书写的快乐和满足。

蒙台梭利博士曾写道：“书写是一个机械的过程，而阅读是头脑的逻辑过程。”因为先前有了大量的汉字积累，所以从 4 岁半开始，当孩子大脑的逻辑思维能力渐趋成熟时，他才有可能进入自主阅读阶段。

迪昂认为，到了 5 岁以后，就要尽量让孩子看一些文字更多、图像更少的童书，以此来刺激孩子渐趋成熟的阅读脑区，以及临近的创造性思维脑区了。识别图像对孩子来说太轻松了，如果一直看绘本的话，孩子自然就会一直将注意力集中在图片上。所以从脑科学的角度来说，早期自主阅读是很有意义的。

汉语阅读入门更容易，但是真正想让孩子达到自主阅读，却要比西方孩子付出更长久的努力。孩子需要在小学花几年的时间识字、写字，学习效率低下。如果在上小学之前，父母有精力在孩子的语言敏感期时为他提供环境支持的话，很多孩子就有可能自然而然地开始自主阅读，这便达到了事半功倍的效果。

了解了这么多早期自主阅读的好处，但必须强调的是，我们只能用非常生动有趣的方式来激活孩子对识字的兴趣和自信，如果孩子在识字过程中不主动、不积极，我们就必须暂时放弃，继续等待。

因为，如果不是单纯从兴趣出发，孩子就会迅速识破你功利的动机，你便再难引起孩子的注意力和专注力了。如果强迫孩子识字的话，那只能引起他对汉字的厌恶，这更无异于杀鸡取卵。

孩子能认识多少字，阅读能达到什么水平，这并不重要。我们要反复提醒自己的是：让孩子识字、阅读的初衷，是发现和激发孩子的兴趣，及时给予他充分的环境支持，满足他的求知欲，为他埋下渴望阅读的火种。我们希望孩子在阅读之中品尝到的都是甘甜，只有这样，他才能成为快乐的终身阅读者。

听和说

0～3岁，孩子的心智像海绵一样吸收了环境中所有的语言，3岁后，他们便开始大量地输出。这个阶段，孩子尤其喜欢新鲜的，甚至是专业、深奥的词汇，比如“西瓜红”就比“红色”更能引起他们的注意。

《蒙台梭利的生平和贡献》（*Maria Montessori: Her Life and Work*）一书的作者斯坦丁（E. M. Standing）曾写道：**“孩子模仿语言，却不知其所以然。字词进到孩子脑内，犹如被磁铁拉扯，秩序自行形成。”**

除了应用的词汇可以不受限外，聊天的内容上也不要低估孩子的潜能。我们要认真对待孩子的每次提问，多和孩子展开大量有意义的对话。在科学文化那一章，我们摘录了很多家长和孩子的对话实录，可供参考。

和孩子一起走在路上无聊的时候，还可以跟他玩造词游戏。比如说一个“拍”字，然后你和孩子一人一个接力造词，像是拍球、拍打、球拍……也可以临场发挥，给孩子讲故事，讲爸爸妈妈小时候的故事、绘本中的故事等，这样可以锻炼孩子的联想和想象能力。

很多家庭给孩子进行国学启蒙，期待孩子对古诗词熟读成诵。这种期待往往会给孩子带来压力。只有当孩子发现他深爱的人自己就为诗词陶醉，才会主动去感受韵律、吸收韵律甚至创造韵律。大量数据显示，在押韵类语音游戏中表现越是流利的学龄前孩子，学起阅读来就越快。

3～6岁还是各种想法大爆发的阶段，孩子想将自己脑海中层出不穷、天马行空的想法用语言表达出来。我们则需要给予孩子足够的耐心和机会，用心倾听，引导并支持他表达自己。

心理学家菲利普·津巴多（Philip G. Zimbardo）在《不再害羞》

（*Shyness*）[①] 中讲述了这样一个故事：一个孩子在 4 岁多的时候，有一次想告诉妈妈一件事，但是支支吾吾 5 分钟都没能让妈妈明白，随后妈妈大笑一声不了了之。就这么一个童年经历，从此让他变成了一个羞于表达的人。

当孩子磕磕巴巴地表达时，我们一定要专注地用眼神鼓励他，在恰当的地方用"嗯""哦"等语言简单地回应，千万不要打断。尤其是当孩子有结巴的迹象时，更要用尽你最大的耐心，等待孩子说完每一个字，不可以纠正和评论。

当孩子的表达能力大大提高后，还可以跟他一起表演话剧，或者借用小玩偶来表演木偶剧。不需要排练，定好角色后，就直接开始演。对于害羞的孩子来说，这种家庭内部的练习很有意义，可以帮助孩子小范围地练习公众表达，展现自己。

我们鼓励孩子积极表达，但是对于说话停不下来的孩子，我们还要提醒他不能打断别人说话，耐心等待别人说完再表达自己的观点。在蒙氏教室，孩子如果需要老师帮助，而老师正在为另一位小朋友工作的话，孩子就需要将手轻轻放在老师的肩膀上，老师就会在结束了一边的工作后，再来回应这个孩子的请求。

① 享誉全球的心理学大师菲利普·津巴多被誉为"当代心理学的形象与声音"，他在经典著作《不再害羞》中对害羞这一心理的成因和表现以及害羞者的内心世界进行了深入探究，该书畅销 30 年，全球销量过百万册。本书中文简体字版已由湛庐文化引进、北京联合出版公司 2018 年出版。——编者注

解音游戏

在法国，很多在家中实践蒙氏教育的爸爸妈妈都会很早开始和孩子玩解音游戏，比如问孩子："用我的小耳朵听一听，'rhinocéros'（犀牛）的第一个音是什么啊？"孩子可能会找到"r"这个字母的音。之后还可以和孩子玩："用我的小眼睛找一找，家里的什么东西是以'r'开头的呢？"

剑桥大学教授、神经教育学专家乌沙·高斯瓦米（Usha Goswam）在《受教育的脑》（*The Educated Brain*）中一篇文章里写道："语音意识和读写习得之间有因果联系。有的儿童在心理词典中能够对单词进行高度精确的语音表征，他们将成为优秀的阅读者。"

解音游戏

参照我在法国工作时和孩子做的法语解音练习，女儿不到3岁时，我就开始跟她玩汉语拼音的解音游戏了。

女儿随便说一个词，比如“妈妈”。

我就分解这个音：“m-a-ma，m-a-ma，mama，第一个音是‘m’。”

接下来我就和孩子一起到房间里找以“m”开头的物品。

玩汉语拼音解音游戏的主要目的不是让孩子掌握拼音，而是为了帮助孩子通过解音练习，逐渐做到发音准确、字正腔圆。只有当孩子能够清楚地发音，说出来的话能够让别人听明白时，他才会拥有表达自信。

学习汉语拼音，让孩子在某种程度上成了双语者，更确切地说是“双符号使用者”，对于同一种口语语言，孩子拥有了两种不同的视觉入口。另外，数字时代离不开汉语拼音，无论是传统课堂还是未来课堂，都离不开拼音教学，所以在早期，时不时地跟孩子玩一玩汉语拼音解音游戏，就能帮助孩子对汉语拼音更加敏感，减少未来学习拼音的困难。

游戏识字

当孩子自发地对汉字产生了兴趣，便可以在家中为他准备一个丰富的汉字环境，让他浸润在汉字的世界里。

家庭汉语启蒙，不需要给孩子介绍语法知识，但是为了便于实践，不同词性的识字游戏各有不同，这里以名词、动词、形容词为例。

名词

识字启蒙这件事，我们可以先从最直观、最多见的名词开始。在为孩子布置蒙氏家庭环境的时候，可以在很多物品的相应位置贴上标签，比如在清洁工具旁边粘贴“扫把”“簸箕”等字卡。这样一来，孩子在不知不觉中就可以认识这些字。

农场模型

我们还可以设计名词与模型或者图片配对的游戏。需要注意的是，不能将所有物品全部呈现在孩子面前，所以平时可以结合孩子的兴趣，多收集一些玩具小模型，像是乐高玩偶，还可以收集一些小图片，用来识字效果会很好。因为大部分孩子都喜欢动物，所以农场模型可能是非常理想的识字启蒙道具。

抛砖引玉 MONTESSORI AT HOME

有一天我神秘兮兮地跟孩子说："今天有个秘密任务。"接着递给她一张写着"马"的字卡，同时念"马"，然后指着一旁的农场模型跟她说："请给我'马'。"

女儿将马的模型拿来，我将字卡放在模型前面。

当孩子积累了三个生字后，便可以通过各种有趣的方式展开三段式游戏的第二段。可以跟她说："请给我马的模型。"或者闭上眼睛说："请将'马'的字卡放在我手上。""请将'狗'的字卡放在我头上。"

完成了蒙氏三段式的第二段，就可以让孩子独立将字卡和模型配对了。

一开始让孩子认识的字，更多的要从兴趣和环境出发，而不是从常规的简单汉字开始。当孩子进入到书写敏感期后，自然会在书写动作中记忆那些笔画简单的汉字。

动词

等孩子积累了一定量的名词汉字后，我们就可以带他认识最直观的动词了。动词可以通过做动作直接表现出来，不仅生动形象，还能锻炼孩子的肢体表达能力。

抛砖引玉 MONTESSORI AT HOME

我给女儿展示了一张字卡，然后做出相应的动作，让女儿猜是什么。比如"跳"，我就原地跳几下。

女儿说："跳！"

我说："对，这个字就是'跳'。"

然后我用同样的方法，带她认识了其他一些动词汉字，比如"走"和"唱"。

当孩子积累了几个动词之后，我们就可以用三段式游戏来帮他巩固。比如让孩子抽选一张字卡，做出相应的动作，然后我们来猜。

形容词

当孩子积累了一定量的名词汉字后，再逐步给他介绍形容词，带孩子认识形容词的时候要从易到难，逐步递进。

抛砖引玉 MONTESSORI AT HOME

我交给女儿一张秘密任务卡，上面写着“笔”。

女儿之前已经认识“笔”这个字了，便拿来了笔。

但我说：“谢谢你，这不是我要的笔。”

然后我又给了她一张字卡，上面写着“红”，我一边念：“hóng”，一边把它放在了笔的前面。

于是女儿又跑去拿来了红笔。

后来我用同样的方法带她认识了“白”和“蓝”，再用三段式的方法来复习巩固。

我们还可以结合感官活动带孩子认识形容词。比如用三段式游戏的方法介绍“粗糙”和“光滑”这两个词，可以将家里一些触感粗糙和光滑的小物件收集起来，让孩子将这些小物件分成“粗糙”和“光滑”两类。分类结束后，再介绍“粗糙”和“光滑”的字卡，让孩子将字卡放在对应的位置上。

当孩子的兴趣被激发时，就可以和他重复玩这个游戏，可以打乱顺序让孩子重新分类，如果想增加难度的话，也可以让孩子蒙上眼睛来分类，最后将字卡放在对应的位置上。

认识“粗糙”和“光滑”

我们还可以借助孩子小时候熟识的绘本，在带着孩子重读的过程中，有意引起他对其中形容词的注意。比如经典绘本《好饿的毛毛虫》中有小小的蛋、暖和的太阳、漂亮的蝴蝶等，我们就可以将这些形容词和对应的名词字卡准备好，和孩子一起来一一配对，最后再通过绘本核对是否正确。

字卡

汉语中除了名词、动词、形容词，还有代词、副词、数词、量词、介词、连词等，都可以用类似的游戏思路帮助孩子认识更多词性的汉字。这里的几个例子只是抛砖引玉。

如果孩子处于识字敏感期，那他会很容易发现环境中出现的学过的字词，认出来后会非常自豪，并激发出更强烈的识字兴趣和自信。

随着孩子认识的字越来越多，我们可以将孩子认识的所有字卡和词卡收纳在一个盒子里。当孩子无所事事的时候，我们就可以给他提供选择：“你是想画画，还是拼图，还是玩字卡游戏呢？”如果孩子选择了字卡游戏，我们便可以根据孩子平日的兴趣自由发挥，创造出各种识字游戏，比如我经常和女儿玩“字卡店买卖”的游戏，而在家蒙台梭利社群的生生妈妈和儿子玩的是“字卡大街的新鲜事”，在这里介绍给大家。

抛砖引玉 MONTESSORI AT HOME

游戏名称：字卡大街的新鲜事。

工具：要复习巩固的汉字字卡，多辆玩具翻斗车，一个白盒子。

玩法：生生妈妈说一个字或者词，生生找到字卡，然后放入自己选择的翻斗车里。有时候也会让生生自己选择字卡或者词卡，那就要先说出是什么字。最后把车开到收集站，把字卡都倒入白盒子里。

翻斗车可以用来清洁马路，可以用来运输建材，还可以自由发挥一下，想些别的事情做，以此为理由，收集字卡。每天还可以变换交通场景，灵活加入交通规则、导航、加油站等，让游戏变得更丰富。

生生妈妈说，连续三天晚上，在她累趴了想早点躺下时，生生就跟她说：“妈妈，我们还要玩字卡大街的游戏呢！”

渐进阅读

当孩子积累了一定的识字量，并且保持着识字兴趣，便可以为他准备一个移动汉字盒。

这个移动汉字盒有 20 ～ 30 个小分隔，可以分类收纳上百个常用的、孩子熟悉的汉字。每个家庭都可以自主设计自己家孩子的个性化移动汉字盒。

表 4-1 就是我们家的移动汉字盒设计表，可以给大家做个参考。

表 4-1　　家里的移动汉字盒设计表

动词	名词		形容词、数词、量词	介词、副词、助词
一般动作	人	身体部位	颜色	在
是、有	人称代词	地点	心情	的
去、来、进、出	动物	时间	一般形容词	了
能、可以	自然	食物	数词	不
爱、讨厌、想	家具		量词	没

最左边的一列是动词，分为一般动词（比如走、唱、看）、判断动词（是），以及表示存在的动词（有）、趋向动词（比如来、去）、能愿动词（比如能、可以），还有心理动词（比如爱、想）。

第二和第三列都是名词，分别为表示人（比如爸爸）、动物（比如猪）、食物（比如西瓜）、自然（比如风）、家具（比如床）、身体部位（比如鼻子）、地点（比如幼儿园）、时间（比如明天）等名词。

第四列是形容词、数词和量词。形容词中包括表示颜色（比如红色）、心情（比如开心）以及一般常用的形容词（比如大、长、热）等。

最后一列是常用的介词、副词、助词等。

准备汉字盒时，我们可根据词性分类，但是不需要告诉孩子相关的语法知识，只是给他一个词性分类的感性积累，也是为了便于我们收纳和快速寻找。

那移动汉字盒怎么玩呢？就是给孩子提供有限的字词，让他们自由造句。

抛砖引玉 MONTESSORI AT HOME

先摆出三个动词，比如“吃”“玩”“听”，让孩子从中选择一个。假设孩子选择了“吃”。

将三个人称代词或者表示人、动物的名词摆出来，比如“妈妈”“奶奶”“狗”，然后问孩子：“谁吃呢？”再让孩子从中选择一个。假设孩子选择了“妈妈”。

接着将几个食物名词摆出来，比如“饭”“牛奶”“水果”，问：“只有这三种，妈妈吃什么？”再让孩子从中选择一个。假设孩子选择了“饭”。

最后将这个句子以及备选项陈列在桌子上，孩子会在不经意间不断复习，并且组合出新的句子。

注意每次只给孩子三个选项，看孩子是否能认出来，如果孩子不认识，就先用三段式游戏来引导他认识这三个字词。

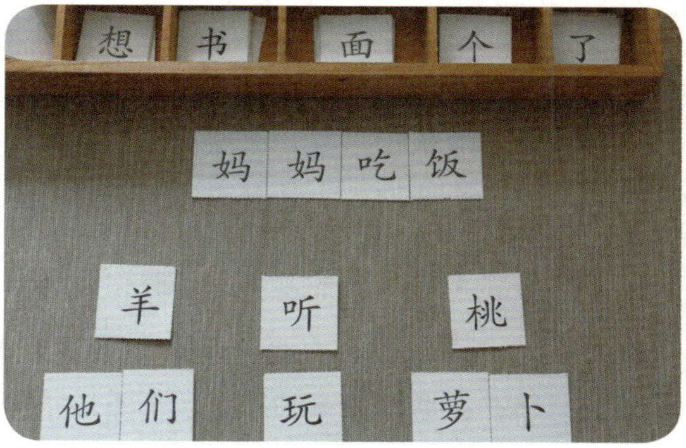

自由造句游戏

通过组合短句，孩子的识字量和阅读能力会大大提高，之后，我们可以尝试让他组合长句，比如“他在看一只黑色的狗”。

这个移动汉字盒不是万能的，它远远不能覆盖所有句子，我们使用它的目的是帮助孩子打开阅读之门。通过移动汉字盒的初步积累，我们就可以为孩子自制一本个性化的小书了。每页一句话，字和图分别在不同页面上，还可以邀请孩子来画配图。

通过这本自制的个性化小书，孩子便拥有了自主阅读的自信。这时再逐渐为孩子精挑细选一些优美、有趣的分级阅读小书，孩子很快就能独立在书海中遨游了。

个性化小书

运笔书写

掌握书写对孩子来说并不是一件很容易的事，尤其是汉语书写，更需要大脑和手的长期准备。蒙台梭利博士曾写道：

> 为了帮助孩子学习书写，我们必须首先分析书写所需的各种动作，并且必须努力以独立于实际写作的方式分别开发这些动作。这样，我们将有可能在所有不同年龄的孩子身上去合作建立这一困难而复杂的机制。

书写这项活动，需要孩子的精细动作能力发展到一定程度后才能谨慎开始。只有当孩子的手有了足够的力量和控制能力，他在提起笔之后才不会感到过于挫败。所以在《蒙台梭利家庭方案》（0 ～ 3 岁）中，我们就提倡多给孩子动手机会，比如自理、家务和一些手眼协调的游戏。这些活动看似与书写不沾边，其实都是在为书写做精准的预备。

比如擦桌子，我们在示范的时候就要注意从左到右、从上到下，让孩子在不知不觉中习得书写顺序。擦桌子的动作，也包含了很多笔画的生成。

再比如视力追踪球，不仅锻炼了孩子的眼睛追踪能力，同时他们的视线会高频率穿越物体中线，左右脑协调能力也会大大提高，从而帮助孩子克服镜像书写的障碍。

在孩子拿起铅笔涂鸦的时候，可以时常不经意地给他示范正确的握笔方法，注意每个手指、手腕、胳膊的位置和动作，以及坐姿。

当孩子出现了不正确的握笔方式时，我们只需要在一旁用正确的方式跟他一起握笔书写或画画，引起关注即可，但是不要手把手地纠正。

当孩子出现明显的左利手倾向时，请顺其自然，强行纠正容易引发很多身心发展障碍。左利手书写汉字可能会面临更大的困难，需要更多有针对性的练习。

在孩子 3 岁半左右时，我们很可能会捕捉到孩子涂鸦的时刻，当孩子逐渐开始歪歪扭扭地画出类似字母、笔画、数字的图案时，便预示着他进入了书写敏感期。

MONTESSORI AT HOME 蒙妈日记

格格自己在房间里玩着，突然传来着急的呼喊："妈妈！妈妈！你快来！"

"怎么了？"回应的同时，我往她房间里走。

"快来看，我会写'2'和'3'啦！"语气里带着满满的成就感，走近一看，果真如此。

看我过来了，格格当下就要写给我看，也许是因为我看到了她写的过程，跟她共同经历了这一刻，每写一个'2'或'3'，她都高兴得哈哈大笑，声音里听得出满满的自豪感。从来没有教过她书写，自己就琢磨、领悟出来的，可能格格也是因此感到成就感十足吧。

——格格妈妈

进入了书写敏感期，就可以为孩子提供难度递增的运笔练习了。汉字书写相对来说还是有一定难度的，因此在书写汉字之前，要尽量让孩子多做一些运笔练习。

在法国幼儿园，孩子从 3 岁多开始就会做大量有趣的运笔练习，为流畅的法语连写做准备。这些练习能够帮助孩子控制运笔，我经常对孩子说："这支笔就像一匹马，你就是骑马的人，看看你的手能不能控制得了这匹马，让它去哪里就去哪里。"

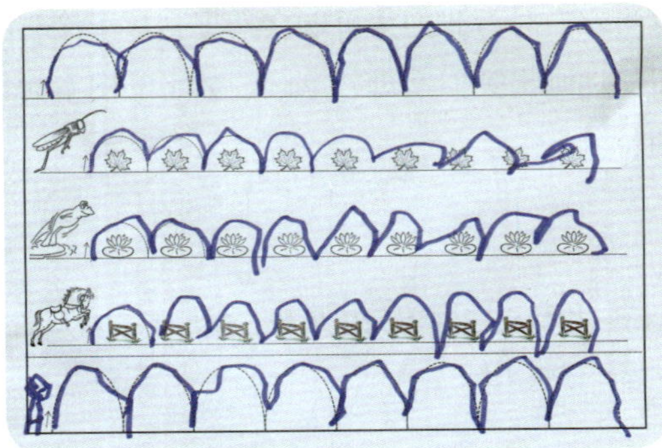

运笔练习

蒙氏教室里常用蒙氏金属嵌板来让孩子做运笔练习。我们在家中还可以借用其他道具，比如在纸卡上绘制出各种形状，然后让孩子用铅笔在形状的内部练习书写横线、竖线、"之"字形、波浪线等。这项练习可以让孩子在练习汉字基本运笔的同时，还能获得一些在有限范围内书写的经验。

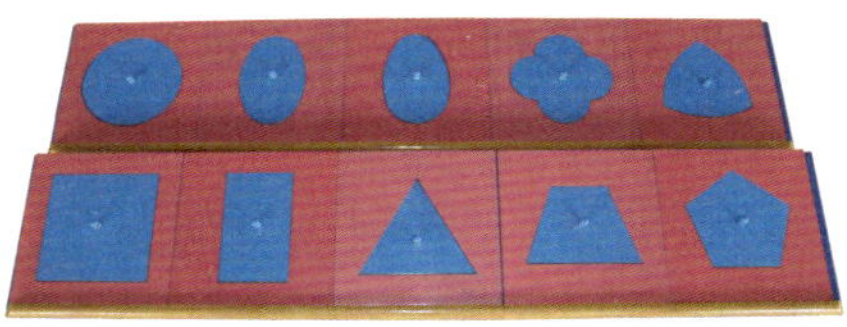

蒙氏金属嵌板

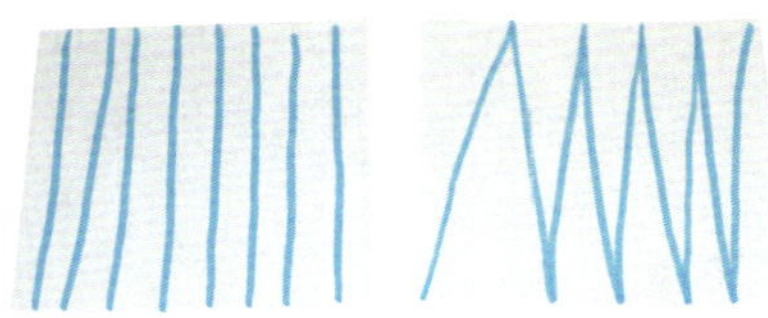

有限范围内的运笔练习

描摹笔画便是书写汉字前最好的准备工作。当孩子进入书写敏感期后，便可以用正确方法描写笔画，为他做示范。磨砂笔画通过视觉、触觉、听觉等多种感官的结合来帮助孩子认识和书写笔画。下图是女儿在我的协助下自制的磨砂笔画。

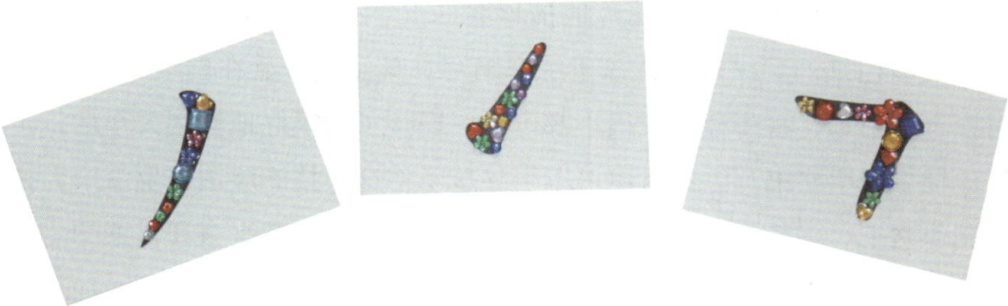

自制磨砂笔画

在练习过磨砂笔画之后，可以带着孩子逐渐过渡到在沙盘上书写笔画、在黑板上书写笔画，最后才是在白纸上书写笔画。

在沙盘上书写

在掌握了每个笔画的书写方式后，就可以让孩子逐渐开始描摹简单的磨砂汉字了。

等孩子能够按照笔顺熟练地描摹磨砂汉字后，同样也是从沙盘、黑板、最后白纸的顺序逐步让孩子练习书写。孩子刚开始在白纸上练习时，可以自由书写，写得很大或很小都可以。当孩子能很好地控制大小后，再给他提供田字格书写。这时也可以引导孩子将这一技能应用在生活中，比如制作贺卡、写信、准备购物清单等。孩子会感到非常兴奋和自豪的。

MONTESSORI AT HOME 蒙妈日记

这两天女儿迷上了做圣诞贺卡，做了一张又一张，书写能力突飞猛进。

每张贺卡我都用铅笔轻轻描写了她的汉语名字和“节日快乐”四个字，让她来将这些字描写清楚。

刚开始女儿非要随心所欲地描写，我笑着说：“你可以先吃橘子，再剥橘子皮吗？”

女儿笑着摇摇头说：“当然不能啦。”

我继续说：“写字也是这样，也是有顺序的啊。”

女儿思考片刻，觉得似乎有些道理，就开始按照我的指令去写了。

我念着笔画顺序：“横、竖、竖、横折钩、竖。”

女儿就写完了“节日快乐”的“节”字。

写了几张贺卡后，不需要我的笔顺指令，她自己就能很轻松地写出“节日快乐”四个字了。

接下来这几天，我们就要开始用这个方法给出差在外的爸爸写信了。

英语读写

在《蒙台梭利家庭方案》（0 ～ 3 岁）中，我们分享了自己身为中国父母，如何在家中为孩子进行中英双语启蒙的经验。到了 3 ～ 6 岁这个阶段，对于母语不是英语的孩子来说，英语口语还是主要的发展重点。尽量为孩子提供沉浸式的纯英语环境，由同一个人高频率地提供输入，只有当孩子的英语听说水平都达到了母语为英语的孩子 3 岁左右的水平时，才建议开始进行英语读写启蒙。

英语读写的启蒙，最基础也是最重要的就是解音环节。如果遇到拼写方式规则的简单单词，比如 cat，里面包含三个音素：/k/，/æ/，/t/，那么在为孩子示范念出这个单词的时候，可以故意将第一个音素拉长，问孩子听到这个单词的第一个音是什么，当孩子找到 /k/ 这个音后，再和孩子一起寻找以 /k/ 的发音开头的更多的单词，比如 cake，king 等。

如果孩子能顺利分辨单词中的第一个音素，就可以让他试着寻找单词的最后一个音素，最后才是找出单词中间的音素，比如问孩子："cat 中有没有 /æ/ 这个音？"

家长可以一直跟孩子反复地做这个解音游戏，这是英语听说以及未来读写的基础。需要注意的是，经常和孩子做汉语拼音解音游戏的家长最好就不要再跟孩子做英语的解音游戏了，不然容易混淆。

当孩子开始对书写感兴趣时，就可以给他介绍磨砂字母了。先用两指描写字母，然后发音，要跟解音游戏中的发音一样，念出来的不是字母的发音，而是单词中的一个个音素。比如"c"这个字母，得念成 /k/ 音。

等孩子认识了几个磨砂字母之后，尤其是当他能在解音游戏中很轻松地找到首音、尾音以及中间的音素之后，就可以通过移动字母表来跟他一起玩拼读游戏了。

磨砂字母

抛砖引玉 MONTESSORI AT HOME

找到孩子认识的几个字母，从盒子当中拿出来。我们还以 cat 为例。

我清晰地说："/k/-/æ/-/t/。"然后问孩子："第一个音是什么？"

孩子回答"/k/"，然后找到"c"这个字母。

我再清晰地说："/k/-/æ/-/t/。"然后问孩子："/k/ 后边是什么音？"

孩子回答"/æ/"，然后找到对应的字母"a"，放在"c"的后边。

用同样的方法让孩子找到最后一个音"/t/"，将"t"这个字母放在最后。

最后再将这几个字母连接起来，就是 cat 这个单词。

移动字母表拼读游戏

孩子在自主拼写时，即使出错了我们也不需要纠正。当孩子可以拼出越来越多的单词时，他就可以拼写简单的短语或者句子了，比如 a cat on the mat。

我们还可以根据孩子的能力，一个一个地在纸上写出单词的字母，让孩子跟着一个一个地发出音，然后连在一起读出这个单词，这将会是孩子第一次体验自主阅读的喜悦时刻。

英语当中还有很多表音符号（phonogram），我们可以通过移动字母表逐步给孩子介绍这些表音符号，比如“s”和“h”可以组合成“sh”。等孩子掌握了这些表音符号，就可以读出很多英语单词了，5 岁左右，孩子就具备了阅读句子的能力，再积累一些常见的特殊读法单词，很快就能自主阅读初级英语读物了。

但是我们千万不能操之过急。只有在孩子的汉语基础扎实，家长有余力，同时孩子有兴趣的情况下，才可以考虑给孩子进行英语启蒙。一定要记得，母语是孩子认知发展的基础，不能因为锦上添花的外语，而大大减少精深学习母语的机会，那真是得不偿失。

这里的英语启蒙方法是由蒙台梭利博士当年设计的西语教学法而来，中国的蒙台梭利老师也探索出了很多种汉语教学法，然而，在和众多在家实践蒙氏教育的家庭在线共同探索的过程中，我们越来越发现，这些学校方法不适用于家庭，于是我结合自己英语、法语、德语的蒙氏教学方法和孔子学院对外汉语的教学经验，重新探索设计了蒙氏家庭汉语教学法。家长们可以在实践中灵活调整、不断创造，带孩子一起进行语言启蒙。

扫描二维码，激发更多语言启蒙创意。

MONTESSORI AT HOME

蒙氏爸妈三级通关

初级：尽量减少孩子的“屏幕时间”，多和孩子展开有意义的对话，有意识地丰富对话的词汇和内容。保证亲子阅读时间，逐步扩展童书选择范围。

中级：和孩子一起做手工、做家务，在生活中随时引起孩子对汉字的兴趣，敏锐地发现孩子的书写敏感期和阅读敏感期，并为他提供循序渐进的运笔练习和识字游戏作为支持。

高级：跟随孩子的节奏，在坚持积累了足够多的识字量，进行了足够多的运笔练习之后，开始进入系统书写和阅读阶段。

第五章
数学逻辑

很多蒙台梭利老师在学习蒙氏数学的时候，经常会感叹："如果我小时候这么学数学，就不至于后来那么害怕数学了，原来数学可以这么好玩！"

小时候，有多小呢？

蒙台梭利博士本人也曾经认为，数学应该是小学生和中学生的功课。可是当她长年累月地观察过孩子后，得出了一个结论，她发现，孩子天生就拥有"数学性心智"。她曾经在书中写道：

> 伟大的创造，都是来源于数学性心智。所以我们必须考虑所有与数学有关的方面，用来帮助孩子大脑的发展。可以确定的是，数学把心智抽象的过程组织了起来。所以我们必须在一个孩子比较早期的年龄，就用一种清晰的、可以触及的方式提供给他们，这样才可以刺激到整个正在建构心智的儿童。

“数学性心智”这个名词其实来源于法国哲学家、数学家布莱兹·帕斯卡尔（Blaise Pascal）。他说过：“人类的心智，天生就具有数学性。”有一天，我在在家蒙台梭利社群发表了下面的日记，结果很多父母纷纷响应：尽管很多成年人都讨厌数学，但是孩子的确是天生对数学感兴趣的。

AT HOME MONTESSORI 蒙妈日记

从未教过女儿数数，可是前段时间突然发现，女儿开始对数字着迷，见了汽车上的车牌号码就要读、要认，见到什么都要数数有几个。

今天早上她躺在被窝里即兴从 1 数到了 99，着实让我一惊。数的时候，每逢 10 需要进位，女儿都得停顿一下，然后自己接上继续数。

想起她以前问过我 19 后边是几，29 后边是几，当时手边没有介绍 10 以上数量对应的教具，我也只是简单回答了下。想不到这次她居然自己举一反三地数到了 99。

数到 99 后，女儿停顿了好久都琢磨不出 99 后边应该是几了。于是我告诉她是 100。家里刚好有根百珠链，我及时拿来和她一起用手指一个珠子一个珠子地数到了 100。

陪伴孩子的过程中，我们往往会惊讶于孩子对数学的热情和天赋，可是为什么随着年龄的增长，越来越多的人却开始抱怨数学无聊了呢？

数学本身是一套非常精妙的逻辑工具，一旦拥有了数学思维，看似凌乱、复杂的世界立马就会变得清晰、简洁起来。蒙台梭利博士描述过两种“聪明”人：一种人是看起来很聪明，点子很多，但是思维混乱，没有条理；另一种人，思维像地图一样精准，能够做出很准确的判断。

只有第二种人才是真正拥有“数学思维”的聪明人。可是，我们学了多少年的数学，做了无数的习题，却很少有人能真正拥有数学思维，真正领略数学世界的风景。海伦妮·赫尔明（Helene Helming）在《蒙台梭利教育学》（*Montessori-Pädagogik*）中写道：“惯常形式的数学课通常很无聊，因为孩子的数学性心智没有被唤醒。练习仅局限于有限的目的性。即便它们很简单，对孩子的心智来说也很陌生。”

想想看，大部分孩子都是从进入小学才开始学习数学的，对他们来说，数学的打开方式就是满纸的抽象符号。没有一个从具象到抽象的过渡，没有一个从感官到书面的过渡，孩子无法理解符号的意义，这些符号就犹如“天书”，很容易挫伤孩子的自信心和积极性，越往后孩子就越会觉得数学很难，所以越来越讨厌数学。

数学的启蒙方式很大程度上影响着孩子未来对数学学习的兴趣。而蒙氏数学与众不同的就是通过一个完整的体系将抽象的逻辑具象化，充分调动孩子的感官，在亲眼看、亲手摸的过程中让孩子自发地理解符号背后的意义，发现数字之间的规律。

通过数金珠发现十进制规律

蒙氏数学体系很科学，也很优美。蒙台梭利博士通过教具的外观设计来将数学之美外在化，比如教具的颜色：个位数是绿色、十位数是蓝色、百位数是红色，到了千位数又变回绿色，循环往复；从 1 到 10 分别是红、绿、粉、黄、蓝、紫、白、棕、深蓝、金色。这些用色规律贯穿整个蒙氏数学体系当中。

除了外观设计，蒙氏数学体系的科学、优美还体现在它的内部结构中。这个独有的启蒙结构非常符合儿童的学习发展规律。传统的数学学习方法中，当孩子掌握了 0 ～ 10，就应该继续学习 11，12，13……这个常规忽略了很重要的一点，9 以后的数字明显开始了有规律的重复。只要孩子掌握了 0 ～ 9 这 10 个数字符号，那么符号加上位置，就可以表示所有的数字了。所以当孩子掌握了 10 个基础的数字符号后，接下来就应该引入另一个重要的数学概念：十进制，也就是逢十进一。

当孩子理解了十进制，就可以举一反三地推导出所有的数字，比如连续数到 1000，还可以做四位数的加减乘除。蒙台梭利博士别具匠心地设计出了金珠游戏，每颗金珠代表一个单位，孩子能非常直观地看到数字的几何意义。而且，处于动作敏感期的孩子通过搬运金珠就能形象地理解加减乘除的运算过程。

等孩子到了 5 岁左右，我们再给他提供各种花样练习四则运算的机会，在不同教具的使用过程中，孩子能自己探索出数字之间、运算之间的奇妙关系，这个自主发现要比算对加减乘除运算结果的意义深远得多。

直到某一天，你会看到孩子使用蒙氏算盘架，算着算着，竟然忘记使用手边的工具，就直接心算出了答案。这个时候，孩子就做好进入完全抽象世界的准备了，等他进入小学，便不会轻易被那些抽象的符号所吓倒，因为他曾经将象征这些符号的实体把玩于手中，印刻在脑中。甚至有可能到了中学，面对复杂的代数、几何题目时，他都会无意识地借助幼年时的感官数学启蒙经验，获得征服数学的勇气和自信。

所以我们在家中，在孩子尚未真正开始系统地学习数学之前，应该尽可能地给他提供一些看得见、摸得着的数学环境，让孩子对数学拥有最美的第一印象，以此激发孩子与生俱来的数学潜能。

这个数学环境要怎么准备呢？数学启蒙要遵循逻辑顺序，从易到难，从具象到抽象，一步步通关：

- 第一步，10 以内数量的对应；
- 第二步，十进制；
- 第三步，加减乘除的具象理解；
- 第四步，认识 11 ～ 99，连续数到 100；
- 第五步，连续数到 1000 和跳着数；
- 第六步，加减乘除四则运算的阶梯练习；
- 第七步，抽象运算；
- 第八步，认识分数。

1 ～ 10 的数量对应

数字 1 ～ 10 是数学的基础，就如同 26 个字母之于西方语言的关系。不过我们这里说让孩子认识 1 ～ 10，可不是单纯、机械地让孩子记忆 10 个数字的顺序，而是让他理解数和量之间的对应关系，明白每个数字所代表的意义，这才是更重要的。

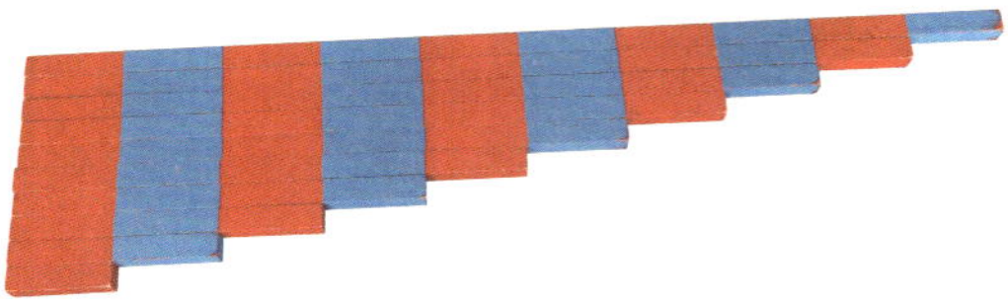

红蓝数棒

磨砂数字

首先借用红蓝数棒给孩子介绍具象数量。孩子通过用眼睛看、用手触摸来体验 1 ～ 10 的每个数字，同时学习数字的名称。一节数棒代表一个 1，比如，5 就由 5 节数棒组成，每一节数棒代表一个部分，孩子就会明白，5 是由 5 个部分组成的一个整体。

接下来，当孩子可以非常稳定地数清楚每根数棒之后，就可以给孩子介绍磨砂数字了。我们描摹并且读出数字，孩子便能通过视觉、触觉和听觉的共同作用来认识和书写每个数字符号。

最后将数字卡片与红蓝数棒一一对应，将 1 ～ 10 的数和量对应起来。深入探索数棒的话，还可以让孩子通过感官来体验 10 以内的加减法和有关 5 的乘除法。

比如和孩子说：“我想把数棒 9 变得和数棒 10 一样长，我们需要哪根数棒呢？”孩子找到数棒 1，将数棒 1 放在数棒 9 的右边。以此类推，将数棒 8 和数棒 2 组成数棒 10，数棒 7 和数棒 3 组成数棒 10……如此，我们便给了孩子加法的感官印象。

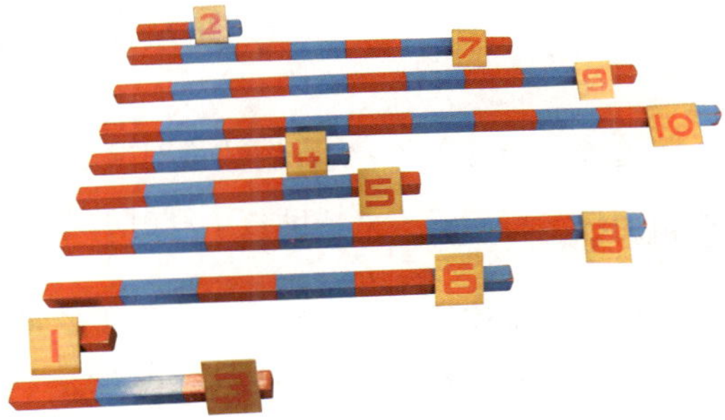

1 ～ 10 的数量对应

通过数棒体验加法

如果将数棒 5 翻转，也会变成数棒 10，由此，孩子便能从中获得乘法、除法的最初感官经验。

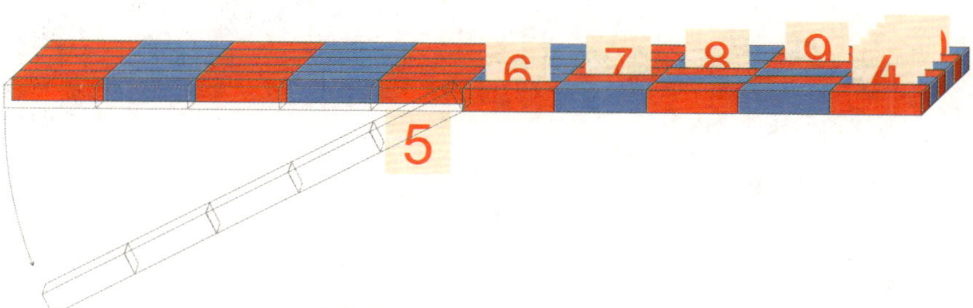

通过数棒体验乘法、除法

在家中，父母可以借助很多玩具来给孩子介绍 10 以内的数量对应，比如积木、乐高等。

认识 0 以及复习 1 ～ 10

当孩子掌握了 1 ～ 10 的数量对应后，就要用到两个蒙氏教具：纺锤棒箱和数字与筹码，来帮助孩子复习巩固。

比如纺锤棒箱，孩子要先认出每个分格上的数字，然后放进相应数量的纺锤棒。红蓝数棒的每个数字呈现的是一个整体，而通过将纺锤棒放入对应的分格中，孩子会明白每个数字都是由单个的个体组合而成的。

孩子还会发现，第一个小分格是空着的，为什么呢？因为上面写着 0，这时我们就可以简单地给孩子解释："0 就是没有，代表什么也没有。"孩子会觉得 0 这个概念很有趣，这时也可以给他介绍磨砂数字 0。

纺锤棒箱

纺锤棒箱之后就是数字与筹码。在玩纺锤棒箱的过程中，孩子已经将 0 ～ 9 这 10 个数字按照顺序摆好了，这样他就会明白这个天然的逻辑顺序，通过反复练习，就能强化这个顺序。在玩数字与筹码的时候，孩子需要自己将数字符号按照 1 ～ 10 排列出来，再在相应的数字下面放上等量的红色筹码。在这个过程中，孩子可以自己检查自己是否掌握了数字排序。

将筹码成对地摆放出来后，孩子自然会直观地发现，这 10 个数字可以分成两种，一种摆到最后是单个的，另一种摆到最后是双个的。时机合适时，还可以顺便给孩子介绍奇数和偶数的概念。

数字与筹码

在家中，我们可以利用身边的材料，发挥自己的创造力制作简易的蒙氏数学教玩具，比如用卫生纸筒当作纺锤棒箱，用雪糕棒当作纺锤棒，用玻璃弹珠或者扣子代替红色筹码等。

金珠十进制

等孩子熟悉了 0 ～ 10 之后，我们就可以开始给他介绍十进制的概念了。

借助蒙氏教具中非常生动、直观的金色珠子，孩子可以触摸实体的 1，10，100，1000，然后慢慢了解 10 里面有 10 个 1，100 里面有 10 个 10，1000 里面有 10 个 100。这个过程中不仅仅有视觉，也有触感和重量的体验。

珠子给予孩子的不仅仅是算数和代数的初步体验，也是几何的具体印象。1 是点，只有一个维度；10 是线；100 是面；1000 是三维立体。

从具象的珠子再到抽象的符号，孩子会注意到每个数字后面有几个 0。慢慢地，他会明白，用 0 可以占据一个位置，一个 0 代表一个数位。

介绍十进制

十进制展开，显示的就是算术演化的基本结构。孩子可以从中理解这个过程是怎么发生的，理解过程比得知结果重要得多：

- 将 9 个小珠子摆出来，就进位变成 10 的金色珠棒；
- 将 9 根珠棒摆出来，就进位变成 100 的金色正方形；
- 将 9 个方块摆出来，就进位变成 1000 的金色立方体。

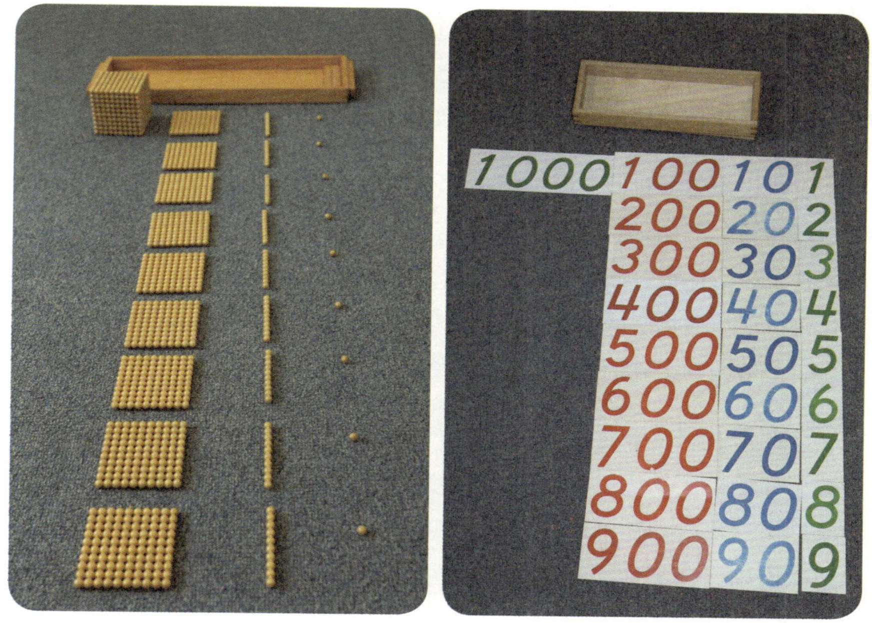

十进制展开

最后我们引导孩子将珠子和卡片结合，完成数和量的熟练对应，比如给孩子 4000，800，80，9 这 4 张卡片，让孩子去取对应的珠子。最后将 4 张卡片叠放在一起变个“魔术”，变出一个超级大的四位数数字，给孩子示范四位数读法：四千八百八十九。

大数字魔术

如果孩子已经熟练掌握了数字进位与数量对应，我们还可以跟孩子玩一个转换游戏，以此帮助孩子了解一个数位的 10 可以变成高一级数位的 1，理解换位的数学概念。

玩法很简单：我们拿出一些小珠子，告诉孩子游戏规则，就是每次数到 10 就要喊停。每当孩子数到 10，就停下来，然后跟孩子一起观察这些珠子排出来像什么，孩子自然会发现，10 颗珠子摆出来像一个 10 的珠棒，于是可以引导他将这些珠子放回，用一个珠棒来取代。这个转换游戏可以为之后理解四则运算的进位、退位做准备。

金珠十进制掌握之后，如果孩子对数数感兴趣，也可以先跳过四则运算，开始带孩子认识 11 ～ 100，接着连续数和跳着数。如果孩子喜欢动来动去，那就和他一起开始金珠四则运算之旅吧。我们将金珠十进制和金珠四则运算统称为金珠游戏，在我看来，这是蒙台梭利博士最精妙的设计之一。

金珠四则运算

通过金珠介绍四则运算的顺序是从不进位到进位，从加法、乘法到减法、除法。

用珠子来演示加减乘除，同样要注意，重点是过程，结果并不重要。也许孩子拿错了量，算错了结果，这些都不重要，关键在于理解加减乘除各自的含义。

在蒙氏教室，这个部分是由老师和几个孩子共同完成的，而在家中，可以动员全家人一起来做加减乘除的游戏，让孩子在亲密又欢乐的氛围中理解加减乘除的意义。

比如跟孩子一起做加法的游戏：可以让爸爸和孩子分别拿着一些珠子和对应的卡片，然后将珠子放在妈妈手中的大托盘里，妈妈数一数一共有多少颗珠子，最后让孩子找到对应的卡片。

孩子在这个过程中就会明白：加法就是将所有的都加在一起。适当的时候，可以介绍进位加法，启发孩子用之前介绍的转换游戏尝试换算。

金珠加法

减法就是爸爸从妈妈那里拿去一部分，孩子也可以继续从妈妈那里拿去一些，孩子在自由选取减数的时候，就有可能自然带入退位减法的内容。

金珠减法

与此类似，我们可以用同样的方法为孩子介绍乘法和除法。

有精力的父母可以用细铁丝和珠子自制金珠教具，也可以自行购买成品。

邮票游戏

在孩子接触了最直观、形象的金珠四则运算之后，就可以用稍微抽象一些的方式来帮助孩子复习一下。邮票游戏也是蒙氏数学中的经典游戏，所谓“邮票”，是指用直接标记数字符号的大小统一的小方块来代表 1，10，100，1000。

在开始进行邮票游戏之前，孩子需要将代表 1，10，100，1000 的金珠、邮票和数卡一一对应，然后学习书写与邮票量对应的四位数。

比起金珠游戏，邮票游戏更难的一点，除了呈现方式更加抽象外，就是开始要求孩子书写题目结果。刚才我们在四则运算的部分举了加法和减法的例子，那么这里就以乘法和除法为例。

其实，乘法就是一种特殊的加法，回归到运算原理上，就是将几个相同的数目加在一起。在金珠游戏中，当孩子理解了加法的概念后，就可以跟孩子玩一个特殊的加法游戏：爸爸和孩子拿着一样的数卡去取金珠，然后放在一起做加法，孩子自然会发现两个人拿的量相同，这时候我们就可以跟孩子说：“我们将几个同样的量加起来，就是乘法。”因此在邮票游戏中，当孩子看到一个四位数乘以 3，就会明白这个题目的意思是取三次同样多的四位数，然后加在一起。

邮票乘法

幼儿园的生活经验能够帮助孩子比较容易地理解除法概念，即平均分配。邮票游戏中的小人就是用来做平均分配用的。当孩子看到一个除法题目，就明白是要把这个大数字的量平均分配给三个小人。

邮票除法

当孩子掌握了四则运算之后，我们就可以在生活中随机出应用题了，比如："我们家里有三口人，今天要来四个客人，你总共要准备几个杯子？"孩子可以借助金珠或者邮票来得出结果。

认识 11 ～ 100

让孩子从 0 数到 100，目的不是数数，而是在这个过程中理解每个数字的含义，以及数与量之间的关系。

当孩子认识了 0 ～ 10，并且通过金珠游戏了解了十进制之后，就可以继续认识 11 ～ 19，再认识 11 ～ 99。读中文数字要比读英语、德语、法语数字都简单得多，孩子一旦掌握了原理，就很容易举一反三，自己“研发”出 10 以后的数字读法来。

与 0 ～ 10 的学习方法相似，先让孩子通过彩色珠子认识具象的数字，再慢慢引入抽象的数字符号。

将个位数与十位数结合，孩子便能构建出 11 ～ 99 的珠子模型。比如，17 就是一个代表 10 的金色珠棒，再加上一个代表 7 的白色珠棒。于是，孩子自然会明白：17=10+7。

将 11 ～ 19 的珠子和符号，即量与数相对应，最后一个数字是 19，由一个 10 和一个 9 组成。

11 ～ 19 数量对应

那么从 19 怎样变成 20 呢？孩子在 9 后面再加上一颗珠子，就可以将彩色珠子换成一个代表 10 的金色珠棒了，两根金色珠棒，就是 20。

20 是两根金色珠棒，30 是 3 根金色珠棒，依此类推，90 就是 9 根金色珠棒。

等孩子学会了如何从 19 变成 20，自己便可以完成从 29 变成 30，从 39 变成 40……从 99 变成 100。

11 ～ 99 的数量对应

在家中，我们可以用纸质的数字卡片来代替木质教具。彩珠和金珠既可以自制，也可以购买。

连续数

在蒙氏教室里，有一个巨大的串珠架。

蒙氏串珠架

串珠架的最下边及最左边是金色串珠，分别是百珠链和千珠链。百珠链的 100 不再是一个正方形，而是展开成一整条串珠链。

孩子可以用小小的手指一个一个地指着小珠子按照顺序从 1 数到 100，每数一个数字，还可以在一旁标记上对应的数字符号卡片。

千珠链的 1000 也不再是一个立方体，也是展开成一条长长的串珠链。

百珠链

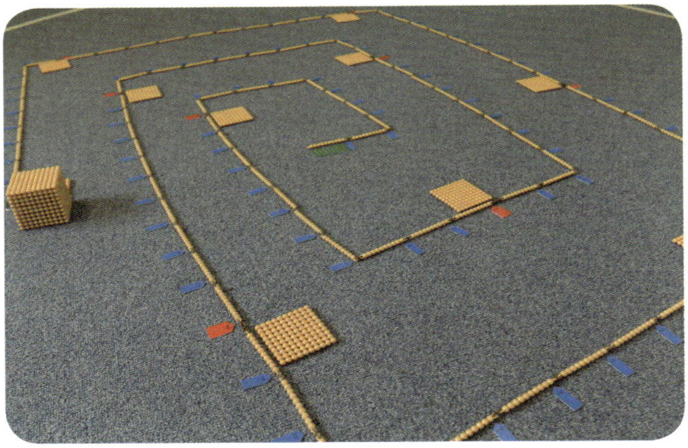

千珠链

在数千珠链的过程中，看起来孩子要记忆大量的数字名称，但其实他只要掌握了从 11 ～ 99 的数字名称，就能轻松拓展到 1000。这个过程孩子只是安静、机械地数数，他能在无比专注的状态下，不知不觉地就完成一件非凡的事情。想象一下，这时候的孩子会多有成就感。

跳着数

串珠架上，100 的金色珠链往上，平行摆放的是从 1 ～ 9 的平方链，即 1^2，2^2，3^2……以及代表平方链几何意义的正方形。这 9 根平方链的数法，不同于百珠链和千珠链，而是要着重数每一节上的最后一个珠子，要和孩子一起大声数出来，并且在一旁标记好数字符号卡片。

比如 5 的平方链，突出的几个数字分别是 5，10，15，20，25。最后一个数字 25 上方是每个边都是 5 颗珠子的正方形。

串珠架上，垂直悬挂着的是从 1 ～ 9 的立方链，即 1^3，2^3，3^3……在平行摆放的平方链旁边，还有代表立方链几何意义的立方体。同样，立方链每一节的最后一个数字是重点，需要大声读出来。比如 4 的立方珠链，除了 4，8，12，还有 16，20，24 等，一直到 64。最后一个数字 64 的上方，摆放出每个边都是 4 颗珠子的立方体。

5 的平方链

4 的立方链

跳着数珠链，显而易见，就是通过具象的感官体验方式，帮助孩子理解和记忆乘法口诀。不仅如此，感官乘法还能为孩子未来的几何学习储备生动的感官印象。

练习四则运算

前面讲的金珠游戏和邮票游戏的活动，重点在于引导孩子理解加减乘除四则运算的具象过程。在孩子已经熟悉了各种珠链的组合后，接下来就是越来越抽象的升级游戏了，这些游戏能够帮助孩子不断重复加减乘除运算，加深理解，辅助记忆。

记忆的最终结果就是搞定每一种运算的最后一个教具：空白表。我们主要以加法和乘法为例。

从加法板开始，我们给孩子提供加法题目，孩子就可以开始操作教具，自己写出答案了。比如，4 + 2 就是把一个代表 4 的加法板和一个代表 2 的加法板并排放在一起，于是就得到了 6 这个答案。

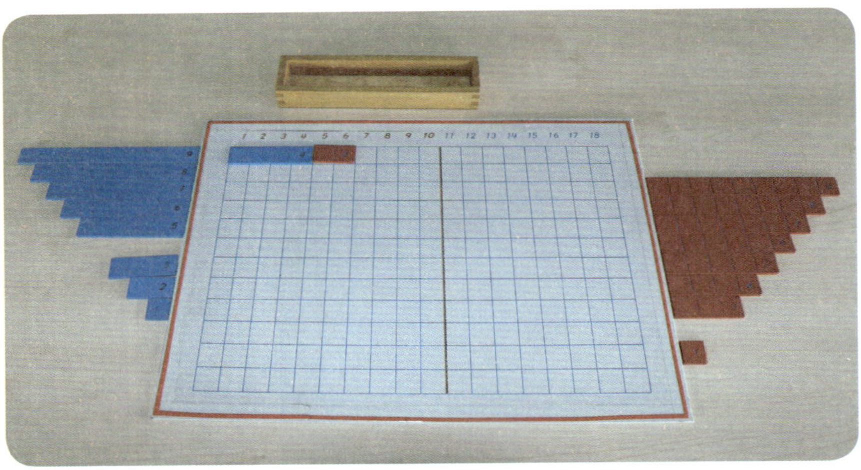

加法板

另外还有三张加法操作表，其中两张通过不同的手指操作方法呈现了所有可能出现的加法结果。最后一个是空白表，当孩子非常熟悉所有的加法组合后，就可以自己通过这个空白表来检验记忆结果了。减法是加法的反向操作，方法类似。

加法操作表

对于乘法练习，我们可以先准备好乘法题目，然后让孩子通过数红色小珠子的方式得到答案，最后把答案写在纸面上。比如，4 × 3 就是在乘法板上摆出 4 行 3 列红色小珠子，然后让孩子数出来一共有多少颗珠子。我们能看到这个题目的几何含义，也能联想到先前操作的平方链。

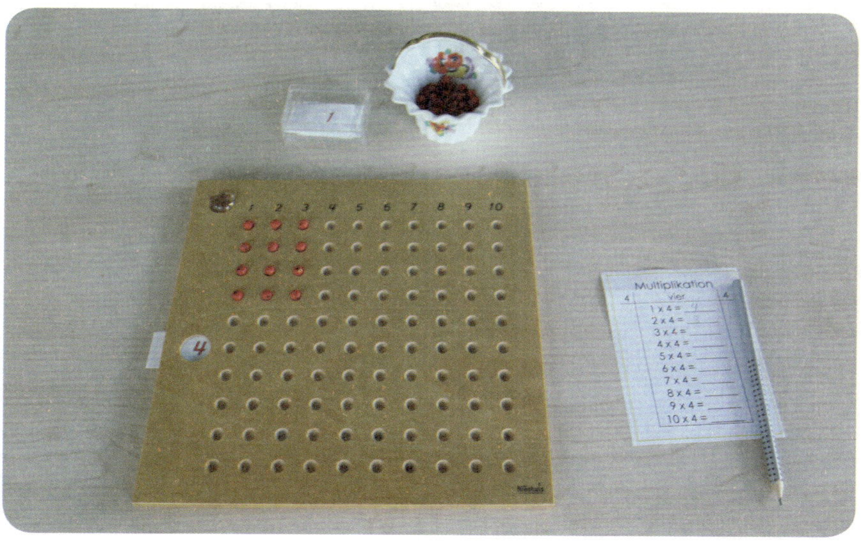

乘法板

同样，乘法也有三张乘法操作表，其中两张通过不同的手指操作方法展示了所有乘法组合的结果。还有一张乘法空白表，用于乘法口诀的检验。除法是乘法的反向操作，方法类似。

乘法操作表

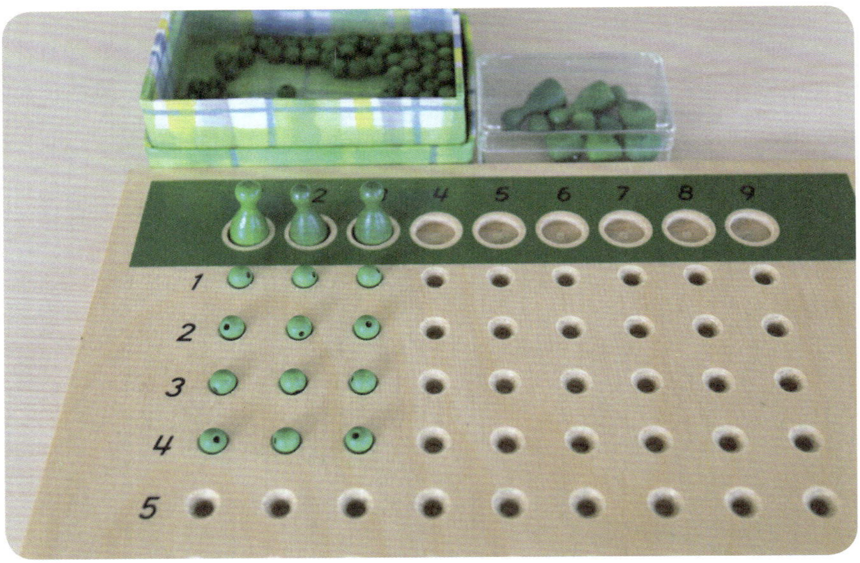

除法板

抽象算盘架

准备好，借助抽象算盘架，我们要带孩子进入更加抽象的数学世界了。我们慢慢就会发现，在不断练习的过程中，突然有一天，孩子就能完全脱离教具，进行独立心算了。

想要达成这一步，至关重要的是，孩子一定要从 3 岁到 5 岁半这段时间，积累足够多的感官数学经验，因为正是这些前期的经验，建构了孩子的抽象思维，让他自然而然就能逐步脱离具象教具，为进入以抽象教学为主导的小学做好准备。

将算盘架与代表 1，10，100，1000 的金珠做对比，孩子会明白，一个绿色珠子代表 1，一个蓝色珠子代表 10，一个红色珠子代表 100，最下面的绿色珠子每个代表 1000。孩子一个个地拨珠子，每拨到 10 就进一位，在这个过程中，孩子便再次复习了十进制。

像邮票游戏一样，可以让孩子摆放一定的量，然后在纸上写出对应的数字。当孩子能够写出算盘架上展示的四位数以后，就可以用算盘架做加减法了。

抽象算盘架

分数拼图

其实在生活中，孩子已经有很多关于分数的感官体验了，比如过生日的时候，几个小朋友平均分配蛋糕，每个孩子得到的蛋糕是一样大小的，这就是关于分数的基本认知。分数这个概念在生活中应用范围很广，包括钟表、音乐、测量等都会涉及。

通过蒙氏分数教具，孩子能得到关于分割、分数的感官印象，理解分数的含义，学习分数的名称，自由探索分数之间的关系，最后开始做分数的四则运算。

我们可以让孩子从不同的分数圆盘中选取一部分，凑在一起组成一个完整的圆。比如让孩子自发探索出等式：1/2+1/4+1/8+1/8=1。

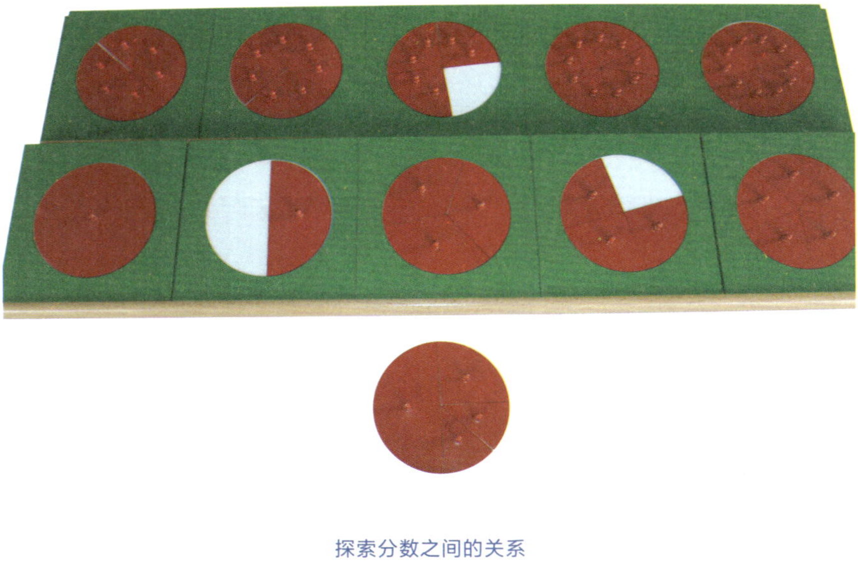

探索分数之间的关系

可以看到，很多蒙氏数学教具体积庞大，并不适用于大多数家庭。但是要帮助孩子开启数学性心智、培养他对数学的兴趣和自信，家长需要从宏观上了解蒙氏数学的启蒙思路，根据自己的实际情况，购买或者自制具有类似功能的教玩具，尽量利用身边现有的资源，为孩子进行科学的数学启蒙。

扫描二维码，激发更多数学启蒙创意。

MONTESSORI AT HOME

蒙氏爸妈三级通关

初级：生活中随时随地引起孩子对数字的注意，借助身边材料，比如水果、树枝、台阶、扣子等，带孩子掌握0～10的数量对应关系。

中级：用金珠来直观演绎十进制和加减乘除运算过程，用语言总结出加减乘除的含义，比如加法就是将不同人的金珠放在一起。借助彩珠和百珠链介绍1～100的数量对应。通过分数拼图来帮助孩子积累切割、分数的感官印象。

高级：利用专业设计的蒙氏教玩具，从具象到抽象带孩子进行加减乘除花样练习。借助平方链和立方链，练习1～1000的连续数和跳着数。最后通过抽象算盘架，带孩子进入完全抽象的数学世界。

第六章
科学文化

科学教育不仅仅是帮助孩子了解一些科学知识，更重要的是带他们学习一种认识世界的方法。科学教育能够帮助孩子透过现象掌握事物的原理和规律，学会用科学的方法来分析和解决问题。

我们在前文写到德国的幼儿园不教给孩子任何学术方面的知识，那德国孩子每天在幼儿园干什么呢？除了生活学习，就是探索大自然。

火山模型

德国的早期教育非常重视孩子与大自然的亲密接触。不仅幼儿园会安排森林日，在天气好的周末，家长也会带着孩子到森林徒步或者骑行，探索森林、强身健体的同时，还培养了孩子与大自然的亲密感。在这样的活动中，孩子自然而然就有了兴趣，想去深入了解大自然中多种多样的动植物，以及地形地貌、天气现象等自然科学知识。

德国还是科学大国，除了政府重视科研之外，家长也非常重视从小培养孩子的科学素养，包括好奇心、求知欲和独立思考能力等。在德国，各大科研院所、工厂、消防站等每年都会安排开放日活动，在那一天，这些机构都会对社会敞开大门，安排各种演示活动，并且让孩子亲自动手参与一些项目。孩子们可以借此机会了解千奇百怪的专业知识，了解各行各业人士的日常工作，还能亲自动手参与这些工作，比如垃圾回收、制作意大利面条、进行科学实验等。

德国还有很多适合孩子探索的自然博物馆和科学展览，还出版了大量高品质的科学启蒙童书。很多德国父母自己就是在这样的氛围中成长起来的，对于孩子来说，他们的父母仿佛就是一本“移动的科学百科全书”。

太阳系模型

AT HOME
MONTESSORI
蒙妈日记

今天我们一家到湖边散步。突然有只蜜蜂蜇了我一下，我在孩子面前忍不住大声叫了出来。

孩子的爸爸（他是德国人）此时非常冷静地将刺拔出来，用嘴将毒液吸出。他还随身带着可涂抹的消炎药，立马给我涂上。

此时我满脑子都是小学五年级被蜜蜂蜇的情景，整个学校和街坊四邻都没有一个人能用正确的方法帮助我，伤口两个星期都没有好。从此留下了阴影，以致再次被蜜蜂蜇时反应过于强烈，没有给孩子做一个很好的榜样。

可是这次，在孩子爸爸科学、简约的处理下，伤口几乎没有肿起来，几个小时内就恢复到原状了。我都有点不敢相信这是真的！

孩子爸爸事后安抚儿子："只要你不打扰蜜蜂，它就不会轻易蜇人。"

儿子说："我知道，蜜蜂一般不蜇人，蜇人后它就死了。"

孩子爸爸解释道："不是所有的蜜蜂蜇人后都会死，这要看它的品种，绝大多数蜂类蜇针上不带倒钩，蜇人后就不会死。"

我长这么大都不了解的知识，成长在德国的儿子这么小就能在生活中学到了。

——生生妈妈

文化教育能帮助孩子更加适应、了解和热爱他所成长的环境，并能让他葆有一颗开放、包容的心去接纳多元文化。

法国有着深厚的文化底蕴，在法国，文化教育占有举足轻重的地位，从幼儿园到高中，贯穿整个义务教育阶段。

法国的《教育法典》（*le Code de l' é ducation*）中写道：

> 人文文化让孩子能够同时获得连续性和断裂感、身份认同感和他者感……人文教育有助于培养批判精神、品位和敏感性。它丰富了对现实的感知，接纳、包容人类生活情境的多样性，激发反思自己的观点和感受，唤起美好情感。文化教育有助于形成公民社区的归属感，建立理性思维，使每个人有能力建立自己的文化，并为开放世界做准备。

法国艺术馆

在法国，尤其是巴黎，有很多博物馆、城堡、艺术工作坊对孩子免费开放。法国幼儿园周三不上课，家长可以利用周三和周末的时间带孩子体验各种文化艺术活动。在幼儿园，孩子也有很多机会接触不同国家的艺术、语言、文化、食物等，老师或者家长会带着孩子一起具象地认识时间和历史，帮助孩子在空间和时间上定位，开启哲学上的启蒙和思考。

MONTESSORI AT HOME 蒙妈日记

法国班级里有个小男孩，有一天跟我说：“我告诉我妈妈了，我长大后要娶你。但是妈妈说我长大了你就死了。”

我心想，这位妈妈莫非吃醋了，下这么大的诅咒。

我问小男孩："你知道什么是死吗？"

小男孩说："知道啊，就是到天堂去了。谁都要死的，爸爸要死，妈妈要死，你也要死的。"

小男孩漫不经心地说着这些话。旁边一个小姑娘听到了说："胡说，人才不会死呢。"

小男孩说："当然会死了，人死了要去天堂，天堂有小河，有鲜花，有月亮，还有死去的人。死去的人是不能说话的，但是他们能听到，他们听音乐。"

小姑娘哭着说："就不是，爸爸妈妈不会死。"

小男孩说："不信你问亚楠。"

小男孩瞬间将炸弹抛给了我，我拥抱着哭得梨花带雨的小姑娘说："人会死，但是要很久很久以后才会，太久太久了，不要担心。"

隔了几天，我在圆圈时间给孩子们介绍了毛毛虫短暂的一生，又重拾死亡这个话题，于是和孩子们分享："大部分人会到非常年老的时候才死去，很少的人，比如不注意安全，开车不小心的，也会意外死亡。还有一些人，不注意健康，也会生病死亡。"

孩子们开始七嘴八舌地讨论起来，大一点的孩子非常激动，有一个男孩突然说："而且这个世界上没有圣诞老人！"

有的孩子又哭了，喊道："胡说！"

我说："别人说的话不一定是对的。圣诞老人，你们要自己寻找、自己思考，看看到底有没有。"

如果我们没有丰富的知识储备，没有得天独厚的自然社会环境，又如何在生活中拓宽孩子的思维，培养他们对科学文化的好奇和热情呢？

蒙台梭利博士曾经写道：**“这里有一个教育的基本原则，即教授细节会带来混淆；建立事物之间的联系，会产生知识。”**

在蒙台梭利教学方法的基础上，在孩子的科学家爸爸的指导下，我整理出了一套科学文化启蒙体系，为的就是帮助父母掌握给 3 ～ 6 岁孩子介绍天文、地理、生物、物理，以及时间、历史的方法，并让孩子自己建立起知识之间的联系。

在本章，我们夫妻发挥各自的优势，爸爸理性的科学思维和妈妈多元的文化视角，通过一段段对话来抛砖引玉，启发大家如何在生活中通过对话的方式为孩子进行科学文化启蒙。

3 岁前，孩子从生活中吸收、积累了大量的感性认知，3 岁以后，他们开始有意识地整合这些零散的信息。如果我们给孩子提供一条线索，让他们将世界上的万事万物分门别类，让知识变得条理清晰，这种从整体到部分的启蒙思路，对孩子逻辑思维和科学思维的建立都极其有益。

零碎的知识细节浩如烟海，但是有了宏观、立体的视角，普通父母就不再会畏惧孩子无止境的“为什么”了。儿童发展专家艾莉森·高普尼克曾经实验统计得出，学龄前孩子平均每小时要问75个“为什么”。算一算，3 ～ 6 岁这三年，我们确实要面临孩子的十万个为什么呀！

大多数孩子的“为什么”都可以归属到本章中的某一部分。我们可以借助书籍或者互联网，来和孩子一起填充科学文化体系当中的细枝末节。只要胸中有宏图，手边有“百科”（书或者互联网），我们就可以轻松成为小朋友的科学文化启蒙老师。

MONTESSORI AT HOME 蒙妈日记

高速公路上，我们开车路过一起追尾事故，趴在窗户边的小家伙看见了，问道：“啊！那两个车怎么回事呀？”

我回答道：“后面那个车追尾了。”

小家伙问：“什么是追尾啊？”

我回答：“后面那个车撞到前面的车了。”

她继续问：“它为什么要撞前面的车啊？”

我说：“司机开车不小心就撞到了呀。”

她追问：“他为什么不小心呀？”

我说：“他可能开小差了，所以不小心撞车了。”

她又问：“他为什么开小差呀？”

我耐着性子说：“他可能在打电话吧。”

她还问：“他为什么要打电话呀？”

我一时语塞。

小丫头继续追问：“爸爸，你为什么不说话了呀？”

我只好说：“我再说话，我也要追尾了。”

“为什么呀……”

——葡萄爸爸

这样的场景实在太普遍了，也许很多父母都有过被孩子问得哑口无言，甚至崩溃发怒的时刻。曾经，我以为孩子这样做是在有意吸引父母的注意，但是当我开始严肃、认真地面对孩子看似无厘头的提问后，就慢慢发现，孩子确实是想要得到满意的解答，从中学习。

作为一个不是很博学的妈妈，在面对孩子打破砂锅问到底的提问时，我常常会借助互联网上的搜索引擎来寻找更专业的答案。比如葡萄爸爸遇到的那个问题，如果是在方便的情况下，应该及时地给孩子示范，如何借助网络搜索"追尾"，再用简单的语言将搜索结果给孩子"翻译"出来。"追尾"这个现象可以归属到本章最后一部分：科学实验。我们还可以参照本书提供的范例，用模型为孩子演示"追尾"。相信孩子最终会对这样认真严肃的答案感到满意，从而终结此轮"为什么"的。

当然，将电子产品当作手边的"百科全书"的前提是之前没有"培养"孩子对屏幕的迷恋，平时没有把电子产品当作帮孩子打发时间的"保姆"。父母需要谨慎、智慧地培养孩子健康使用电子产品的习惯。

另外，我们应该明白，世界上的很多问题是没有标准答案的，当孩子提出问题时，尽量不要简单、粗暴地抛给孩子一个答案，而是应该抱有欣赏的态度回应他："你这个问题真有趣。"然后和孩子一起思考，一起发现寻找答案的方法。不容置疑的答案可能会扑灭孩子好奇的火种，而开放的答案往往能真正帮助孩子独立思考，独立探索世界和认识自己。

天文地理 · 地球仪

地球、大洲、国家这些概念对于 3 岁的孩子来说很是抽象，但是意义深远。从地理到天文，孩子能够在广阔的世界甚至宇宙中找到自我定位，拥有归属感。

父母可以带着孩子认识不同文化背景的小朋友，品尝不同地域的美食，在完成一次跨城或者跨国旅行之后，还可以在地球仪上为孩子指出去旅行的位置，从地球仪出发，再联系到各大洲的动物、植物、语言、文化等，可以说，地球仪是孩子打开科学文化大门的第一把钥匙。

由于孩子已经具备了对水和土地的感性认知，所以我们先用孩子熟悉的具象内容带入，为他们介绍只有水和陆地的地球仪，然后再介绍不同大洲的七彩地球仪。

蒙氏地球仪

在蒙氏教室，数学教具拥有独特的颜色密码，地理部分同样也是如此。在蒙氏地球仪上，每个大洲都有各自的颜色，比如亚洲是黄色，关于亚洲的内容也都储存在黄色的文件袋中。通过颜色来识别定位，能帮助孩子更好地理解和记忆。

抛砖引玉 MONTESSORI AT HOME

妈妈：“我们生活的地球很大很大，这个球代表着缩小的地球。地球表面由水和土地组成。这是土地（带孩子触摸棕色陆地部分），是我们居住的地方。这是水（带孩子触摸蓝色海洋部分），什么居住在水里啊？”

孩子：“鱼。”

妈妈：“我们数数有几块土地啊？”

孩子：“1，2，3……”

妈妈：“我们再一起数数这个七彩地球仪吧。这个更容易看清楚有几块土地。”

孩子：“1，2，3，4，5，6，7。”

妈妈：“这几块土地叫作‘洲’，每个洲都有不同的颜色，也都有自己的名字。每块洲上都居住着人和动物。”

妈妈：“找找哪块洲最大，最大的就是我们居住的地方。”

孩子：“这块。”

妈妈：“对，这块洲就是我们生活的地方，叫作亚洲。”

天文地理 · 平面地球拼图

等孩子熟悉了立体的地球仪，再给他呈现平面地球。拼图是非常好的认识平面地球的方式。一块拼图代表一个大陆，大陆的颜色和彩色地球仪一致。

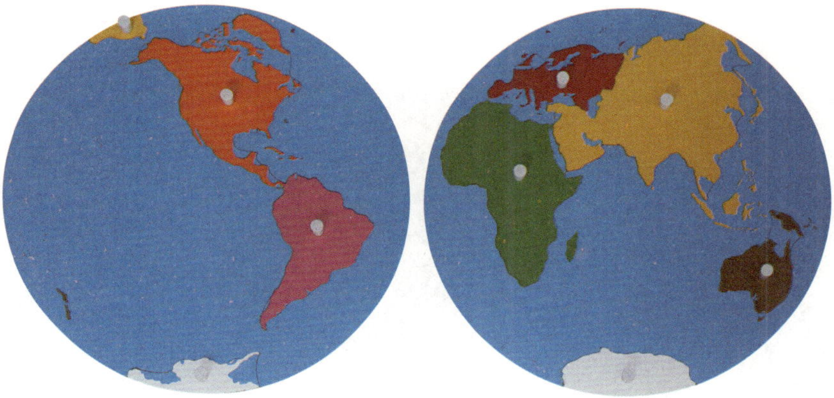

平面地球拼图

抛砖引玉 MONTESSORI AT HOME

妈妈："看看这个地球，我们每次只能看到地球的一面。"

妈妈拿起平面地球中的一块拼图说："你看这一块，和地球仪的这边一模一样。你来看看，地球仪的另一边对应的是哪块拼图？"

孩子："这块。"

妈妈："这两块平面地球拼图代表着平的地球仪，这样我们就能同时看到地球仪的两边了。"

通过这个平面地球拼图，孩子可以认识七大洲的名称，还能将每个大洲的外形轮廓描摹在白纸上，然后涂上对应的颜色。

最后孩子可以将画好的七大洲剪下来，参考平面地图的位置，粘贴在一张大大的蓝色纸上，这时候就完成了自己制作的平面地图。孩子需要很长时间的专注，才能完成这份工作，但是当他完成之后，会感到特别自豪。

如果孩子一直对描绘地图抱有浓厚的兴趣，还可以带他一起继续精细描摹每一块大陆。

绘制地图

会读写的孩子还可以自制大陆名称、国家名称的标签，粘贴在相应的位置上。

天文地理 · 文化展示台

当孩子认识了大洲的名称后，我们就可以给他准备一些跟每个洲有关的照片、物件和童书绘本了。在孩子的房间里准备一个小小的展示台，将这块拼图和这些照片、物件还有童书绘本一一陈列出来。

文化展示台

当孩子认识了我们生活的亚洲之后，再给他介绍亚洲的国家，当然要重点介绍我们生活的国家——中国，了解我们国家不同的民族、方言和饮食习惯等。之后再介绍其他国家。

著名建筑物模型和照片

当孩子熟悉了一个国家的名称后，我们还可以给他准备与这个国家有关的照片、物件和童书绘本，以同样的方式在孩子的房间里陈列、展示出来。也可以带着孩子去这个国家的餐厅品尝美食、听这个国家语言的歌曲、结识这个国家的朋友或者欣赏这个国家的建筑。

各国国旗展示台

如果孩子喜欢足球的话，也可以跟他一起观看足球比赛，认识不同国家的国旗，还可以带着孩子手工制作小国旗。

天文地理 · 地形地貌

自然地理这部分内容，我们可以给孩子介绍地形、风、火山爆发等。

比如给孩子介绍地形，我们可以和孩子一起制作地形模型，通过黏土和水的位置对比，帮助孩子生动地了解几个地理概念：湖和岛、峡湾和半岛、海湾和海岬、海峡和地峡、湖泊群和群岛等。

抛砖引玉 MONTESSORI AT HOME

先准备两个托盘，一个里面装满黏土，代表土地；另一个里面盛些水，代表水域。

妈妈指着装满黏土的托盘跟孩子说："这是土地。"然后指着另一个问："这是什么呢？"

孩子回答："水。"

然后在黏土中间切出一个圆形，切到底，将切出的黏土放在旁边盛着水的托盘中间，再用勺子将水托盘中的水舀到陆地托盘中来。

妈妈告诉孩子："这个是湖（指着陆地托盘），这个是岛（指着水托盘）。"

用黏土和水制作地形模型

我们还可以用蓝色和棕色的纸，通过剪切、粘贴，做成各种水陆地形，比如岛、湖、峡湾、半岛等。

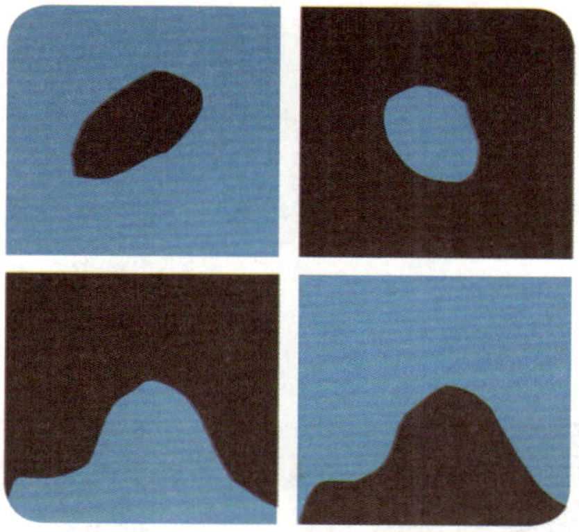

用剪纸来展示各种水陆地形

之后我们再搜集各种真实的地形照片，与孩子制作的地形平面模型一一对应。当然，如果有机会让孩子亲眼见到这些地形景观的话，到时候更不要忘记帮助他将真实景观与先前手工制作水陆地形的经验联系起来。

天文地理 · 初识天文

5 岁左右，孩子可能就会热衷于提出很多关于宇宙的问题，他们也逐渐能够理解非常抽象的天文概念了。这时候我们就可以和孩子一起仰望星空，借助相关科普书，给孩子讲解太阳系、月相变化等知识了。

我们还可以利用生活中的材料帮助孩子具象地理解这些抽象的天文知识。比如，利用孩子爱吃的奥利奥饼干，就可以完整地展示月亮由圆到缺再到圆的完整月相变化过程。

制作太阳系模型

动物植物·生物分类

大部分孩子对动物和植物都有着天然的浓厚兴趣。我们可以先对生物种类进行分类，然后再发现相似、建立联系。通过分类和建立联系的方法，我们可以带孩子一起观察和思考，从而全面、深入地了解生物世界，并且明白生物存在的意义。在观察大自然的过程中，我们对待生物的态度会真正地帮助孩子建立最初的环保意识。

蒙台梭利博士曾写道：

> 教育已获得感知能力的孩子是另一种完全不同的挑战……由于他们已经能够感知叶子与花朵的形状和颜色的微小不同，还有昆虫的各种特点，因此我们所展现的一切事物、给予的一切想法、诱导的一切观察行为都需要围绕他们的兴趣展开……所做的一切，都是为了让他们学会观察，并激发他们对观察的兴趣。

触摸树皮

当孩子认识了很多动物、植物之后，就可以借助小模型或者小卡片对生物物种进行分类了。据科学家估计，目前世界上约有 870 万种生物，这么多种类，如果没有分类意识，就很难系统地认识和研究。因此，分类是生物学的基础，也是帮助孩子建立逻辑思维和科学思维的第一步。

我们的分类结构是：先区分生物与非生物，再将生物分为动物、植物、微生物，最后是动物和植物的详细分类。

这个年龄段的孩子认为所有事物都有生命，因此他们分不清楚生物和非生物。我们可以用真的小猫和玩具小猫来比较，和孩子探讨得出生物与非生物的区别：生物需要呼吸，需要吃喝拉撒，都会经历出生、成长、老化和死亡这个过程。然后再和孩子一起找找看，身边的东西中，什么是生物，什么不是生物。

再将生物进行分类。生物分为动物、植物和微生物，孩子只需了解微生物的存在即可，重点是做动物和植物的分类游戏。

动物与植物的分类

和孩子一起探讨动物和植物的区别，比如动物可以移动位置，植物是在一个位置保持不变的；植物可以自己制造食物，动物却不能，所以动物要动来动去找食物等。

再之后我们就可以分别深入地了解动物和植物了。

动物植物 · 动物

认识动物的途径和方式有很多。我们可以带孩子在户外认识不同的动物种类。先从小区里的小花园开始，看看能找到多少种小小的昆虫。可以在池塘边一起欣赏各种鱼，雨后听青蛙们演奏“交响乐”。

我们可以带孩子去野外，发现各种动物的踪迹，悄悄观察小松鼠吃坚果的模样。

我们可以带孩子去动物园，在那里，他们会见到平时见不到的动物，比如凶猛的野生动物、罕见的极地动物、半夜才出现的夜行动物等。

我们也可以和孩子一起在家里养乌龟、蚯蚓、小猫、小鸟等。和孩子一起持续地观察，了解动物的习性，教孩子如何照顾小动物。比如养小鸟就要定期清理笼子，每天换水和添加食物。

当孩子积累了大量对动物的直观印象后，接下来就可以开始给动物分类了。分类方式不是唯一的，但最常见的分类方式是分成脊椎动物和无脊椎动物。然后再进一步可以分为：哺乳动物、鸟、爬行动物、两栖动物、鱼和昆虫。

我们可以通过拼图、模型或者绘本，给孩子介绍每种动物的身体部位、生命轨迹等。

动物生长轨迹模型

我们也可以按照其他方式对动物进行分类。比如按照动物的生活环境来分，是生活在水里、陆地还是天空。

动物的生活环境多种多样，为了能够更好地生存，它们的身体结构和生活习惯都要非常适应这个环境才行。

抛砖引玉 MONTESSORI AT HOME

爸爸：“什么动物在天上飞？”

孩子：“鸟。”

爸爸：“狗为什么不能在天上飞啊？”

孩子：“狗没有翅膀。”

爸爸：“对，而且狗太重了，小鸟都很轻，它们骨头轻、内脏小，甚至不小便，因为尿液很重。”

爸爸：“天空中很冷，但是鸟有很轻又很暖和的羽毛。我们的羽绒服就是用羽毛制成的。”

爸爸：“那什么动物在水里生活？”

孩子：“鱼。”

爸爸：“狗可以在水里生活吗？”

孩子：“不可以。小狗在水里不能呼吸。”

爸爸：“对啊，其他很多动物在水里都没法呼吸。因为水里的空气不是很多，而鱼可以通过鳃在水里呼吸，虽然水里空气不多，但是鱼鳃有很多层，也就有了很多接触水的机会，吸收水中不多的氧气。”

还可以按照繁殖方式对动物进行分类，分成胎生动物和卵生动物。

胎生，就是宝宝在妈妈体内发育，从妈妈的肚子里生出来，吃妈妈的奶长大。大部分哺乳动物都是胎生。

卵生，就是宝宝在妈妈身体外发育，宝宝自己给自己提供营养，独立成长。比如鸡蛋就是鸡的卵，鱼子就是鱼的卵。鸟、爬行动物、两栖动物、鱼和昆虫大多都是卵生。

当孩子熟悉了动物的各种分类之后，我们就可以跟他玩一个动物猜谜游戏了。将很多张动物卡片在地毯上铺开，陆续给出线索，让孩子逐步做排除，最后留下的就是谜底动物。比如告诉孩子，这个动物是哺乳动物，孩子就可以将其他类别的动物拿走。按照一系列的提示，孩子最终就能找到谜底动物。

动物猜谜游戏

我们可以在生活中通过聊天的方式来启发孩子深入研究动物的兴趣。

孩子看到天空中有很多燕子飞过，发出了感叹："看！好多燕子啊！"

爸爸："燕子要飞到南方过冬去了。"

孩子："为什么？"

爸爸："天冷了，我们可以穿上厚厚的衣服，燕子有衣服吗？"

孩子："没有。"

爸爸："所以燕子只能去暖和的地方过冬，飞向南方，飞到东南亚，甚至南半球。"

孩子："它们还回来吗？"

爸爸："要回来的。等天气暖和了就回来了。因为北方白天长，吃的东西也多，适合燕子养育宝宝，有的燕子认路本领很强，还能回到去年住过的屋檐下呢。"

爸爸："燕子可以飞走，那你想想还有其他不会飞，或者飞不远的动物，它们要怎么过冬天呢？它们也没有大衣啊。"

孩子："躲在家里。"

爸爸："对啦，可以在洞里睡大觉。除非发烧了，很多像我们一样的动物，身体的温度不会随着天气的冷热而变化。可是还有很多动物，比如乌龟，天气热的时候它们的身体也很热，天气冷的时候它们的身体也很冷。为了度过寒冷的冬天，它们就提前吃好多东西，然后找个洞去睡大觉了，这就是冬眠。等到来年春天，它们才会慢慢醒来。"

动物植物·人

人是动物的一种，属于哺乳动物，并且是大自然中最高级的动物。通过相关书籍，我们可以和孩子一起了解人体器官和系统，也可以在日常生活中通过手工或者对话引导孩子了解自己的身体。

不织布裁剪的人体器官模型

在给孩子介绍人体的时候，注意要同样自然地介绍隐私部位，并给予孩子保护隐私的意识。

当孩子开始对“我从哪里来”这个问题感兴趣时，要给予孩子简短而科学的解释：“爸爸的精子和妈妈的卵子结合，形成受精卵，最后发育成胎儿。胎儿在妈妈肚子里待了几个月，宝宝就出生了。”

在跟孩子一起跑步的时候，也是给孩子介绍呼吸系统的绝佳机会。

爸爸："听到我们俩跑步时嘴里发出的声音了吗？"

孩子："呼哧呼哧。"

爸爸："这叫作气喘吁吁，是呼吸加快引起的，因为现在我们需要呼吸更多的氧气，来产生更多的能量。"

孩子："为什么？"

爸爸："人和动物都需要氧气，所以我们要吸气，吸气的时候空气进入肺中，再由肺将氧气输送到血液中，再运送到身体的各个部位。"

爸爸："摸摸我们的心跳，是快还是慢？"

孩子："怦怦的，很快。"

爸爸："因为心脏掌管着我们全身血液的流动节奏，心脏跳动的时候，肺先是膨胀，将空气中的氧气输送到全身，然后收缩，将污浊的空气排出体外。肺和心脏是一起合作的。所以，跑步的时候，呼吸加快，心跳也加快。"

动物植物 · 植物

关于植物，我们可以在家里的玄关处准备一个植物桌，在桌子上备一个放大镜。每当孩子在外面收集到大自然的宝贝时，都可以展示在这里，比如鸟儿的羽毛、漂亮的石头、秋天的叶子等。

去野外的时候，要告诉孩子："我们只能观察，每次只能捡一个宝贝，因为这是属于大自然的，我们不能拿太多。"即使孩子还听不懂，我们也有必要从小给孩子培养一些环保意识。

植物桌

在大自然中，我们可以带孩子从认识树开始，再到认识叶子、花、果实和种子。

树

带孩子认识树木的时候，要告诉他树的不同部位：树根、树干、树枝、树叶。我们通常只能看到树根的一小部分，要是把树根挖出来的话，可能比整棵大树都要大得多。这么大的树根，紧紧地抓住土壤，从土壤中汲取水和养分，而且这样，树也不容易倒。

树干是树的主要部位，从树干上延伸出树枝。树干和树枝将树根汲取的养分运输到树叶上。树叶吸收了从树根、树干、树枝送来的养分，然后通过光合作用，树才能成长。

简单地解释光合作用，就是当阳光照射到树叶上时，树叶就开始工作，生产出很多汁液，再运输到树的各个部位。

先让孩子在大自然中产生最生动的感官认识，之后回到家再做对应的涂色或者拼图练习。

树木部位涂色

叶子

秋天时，我们可以带孩子一起收集各种落叶，然后按照叶子的形状进行分类。和孩子一起用放大镜仔细观察叶子的细节，孩子会发现大自然之美：世界上竟然没有两片一模一样的叶子。

我们还可以告诉孩子："叶子上的这些小突起，叫作叶脉。它们就像我们身体里的血管一样，可以让叶子里的汁液流通。我们可以一起描画出叶脉来。"

叶形分类

描画叶脉

花

我们还可以跟孩子一起种花、插花。欣赏花的美丽之后，再和孩子探讨为什么花这么美。

抛砖引玉 MONTESSORI AT HOME

孩子："植物的宝宝在哪里呢？"

爸爸："种子就是植物的宝宝。"

孩子："种子在哪儿？"

爸爸："花就是孕育种子的地方。花的爸爸妈妈是花蕊。中间的是雌蕊，是妈妈，外面的是雄蕊，是爸爸。"

孩子："花的爸爸妈妈怎么生宝宝呢？"

爸爸："雄蕊的花粉到了雌蕊上，就能发育成有种子的果实。大多数花朵的雄蕊更喜欢同一种花朵别的花上的雌蕊，我们叫作异花授粉。"

爸爸："你看，花自己会动吗？"

孩子："不会。"

爸爸："那它怎么传粉呢？怎么将雄蕊的花粉传到另一朵花的雌蕊上呢？"

孩子："蜜蜂。"

爸爸："对，植物想了很多办法。昆虫就是传粉的好帮手。花粉这么漂亮，香气扑鼻，还有花蜜，这些都是为了吸引昆虫。昆虫吸食花蜜时，花粉会粘到昆虫的身上，昆虫飞到另一朵花上，就顺便将花粉带过去了。这种靠昆虫来传粉的花叫作虫媒花。"

爸爸："假如你是植物，除了昆虫，还有什么办法可以传粉呢？"（给孩子留一些时间思考，改天可以在合适的机会再次启发。）

爸爸："有的花没有香味，也不那么漂亮，但是很轻很小，风很容易吹动，它就可以利用风来传粉，这种花我们叫作风媒花。比如水稻啊、小麦啊、松树啊，它们的花都是风媒花。"

花朵部位涂色

果实和种子

在和孩子一起品尝水果的时候，我们可以先将水果从侧面切开，带孩子一起观察果实的结构，认识果实的不同部位，探讨果实的作用。

抛砖引玉 MONTESSORI AT HOME

爸爸："想一想，果实是怎么来的呢？"

孩子："植物长出来的。"

爸爸："对。植物的花朵传粉成功后，花瓣就掉落了。花下面的子房，就开始变大，越变越大，最后变成果实。"

爸爸："可是植物结出果实并不是为了吃，而是要带着种子传播。你爱吃甜甜的水果，那还有谁也爱吃？"

孩子："动物。"

爸爸："对，你想想动物怎么将果实里的种子带到别的地方呢？"

孩子："可以粘到身上。"

爸爸："对，比如苍耳种子，外面有小倒钩，可以粘在动物身上，跟着动物到处旅行。最后落在一个地方，长成新的植物。如果动物把果实吃掉了，种子又会到哪里了呢？"

孩子："肚子里。"

爸爸："然后呢？"

孩子："哈哈，拉出来。"

爸爸："哈哈，对，动物吃了果实，然后通过大便拉出种子。种子也跟着动物旅行了。还有一种爱吃种子的动物记得是谁吗？"

孩子："小松鼠？"

爸爸："对。松鼠爱吃各种坚果，于是它总是往土里储藏很多，但是松鼠很健忘，经常就忘记自己埋在哪里了，于是这些种子就在土里生长，长成新的植物了。"

爸爸："想一想，如果你是植物，有没有办法不通过动物来传播种子啊？”

孩子：“风吹。”

爸爸：“对啊，还记得什么植物可以被风吹吗？”

孩子：“蒲公英。”

爸爸：“是的，风一吹，蒲公英的种子就飞向远方了。还有一种植物，果实成熟后，一碰就会爆炸，种子就像子弹一样发射出去了，比如凤仙花。”

爸爸：“那想一想水可不可以运输种子呢？”

孩子：“可以啊，椰子的种子就是飘在水里的。”

我们可以在花园里或者阳台上和孩子一起种一些植物，带孩子一起观察种子的成长过程。还可以用倒叙的方法，讲述种子的故事，比如和孩子聊一聊盘中的每颗大米从何而来。

水稻的种子

动物植物·生态系统

当孩子对生物与非生物、动物与植物有了初步的了解之后，我们就可以和孩子一起，探索生物与非生物之间，以及不同生物之间的关系了。比如和孩子一起观察鱼缸。

抛砖引玉 MONTESSORI AT HOME

爸爸："这里有非生物吗？"

孩子："有啊，水就是非生物。"

爸爸："那有生物吗？"

孩子："当然有啊，小鱼。"

爸爸："小鱼是动物，那还有植物吗？"

孩子："有啊，水里的草。"

爸爸："对，水草就是植物。这个小小的鱼缸里，有生物也有非生物，有动物也有植物，这就是一个小小的生态系统。"

爸爸："有了阳光和水，水草就可以生产出小鱼需要的氧气和它们都需要的有机物。小鱼吃掉水草后排出粪便，以及凋零的水草，都会被微生物分解，再成为水草成长的养料。"

爸爸："这个鱼缸里，有的是生产者，就是会生产出一些东西的，比如水草能产出氧气；有的是消费者，就是会消耗一些东西的，比如小鱼，会吃掉水草；有的是分解者，比如我们看不见的微生物，它们会将鱼缸里的垃圾，比如小鱼的粪便分解掉，又变成养料。"

孩子："哈哈，屎壳郎也是分解大便的。"

爸爸："对。鱼缸只是一个小小的生态系统，自然界是一个很大的生态系统。但是所有生态系统中都有生产者、消费者和分解者，而且它们的角色不是固定的，比如屎壳郎，既是分解者，也是消费者。"

观察鱼缸

当孩子对动物之间谁吃谁产生了兴趣时，我们就可以给他介绍食物链的概念了：蚂蚱吃草、鸟吃蚂蚱、蛇吃鸟、猫头鹰吃蛇、微生物分解猫头鹰尸体和凋零的叶子。这就是一条食物链。食物链大多是从植物开始，到凶猛的肉食动物终止。

不过在这条食物链上，每一种动物的食物不一定是单一的，比如蛇还会吃青蛙。于是我们可以再从蛇引出一条食物链。

如果我们把很多食物链都画出来的话，就会看到这些食物链形成了一个网，叫作食物网。

大自然中，如果一种动物变少了，就会影响到整个生态系统。比如蛇变少了，那猫头鹰的食物就会变少，很多猫头鹰可能就会饿死，也会变得越来越少，而蛇吃的鸟却会因为蛇变少了而变得越来越多。因此，我们要保护多种多样的生物，保护我们的大自然。

时间历史 · 日历、周历和年历

孩子上了幼儿园之后，可能总是会问一些与时间有关的问题，比如："今天我去幼儿园吗？""什么时候放假啊？""现在是明天了吗？"……

时间是个无比抽象的概念，很难跟孩子解释清楚，但是我们可以想办法用具象的方式将时间仪式化，带孩子一起感受时间、认识时间和管理时间。通过思考时间、了解历史，可以和孩子展开哲学讨论，讨论什么是爱、什么是金钱、什么是和平……

用沙漏感知时间

我们可以制作日历、周历、年历，分别记录一天、一周、一年的时间历程。

日历可以用照片或者图画的方式记录下一天的流程，按照顺序粘贴在一张长长的纸上。这样便于孩子形成规律的生活习惯，也可以预测接下来将要发生的事情。

照片日历

用同样的方法，我们可以制作一周的长卷图。因为每周的安排可能会稍微不太一样，所以我们可以将一周长卷图设计成可移动式的。在这个过程中，孩子也逐渐了解了过去、现在和未来的概念。

让孩子最兴奋的还要属年历了。我们可以按照孩子的身高，在房间的墙壁上粘贴一卷 6 ～ 7 米长的横向年历，形象地展现一年的历程。

长卷年历上每个季节、每个月份的开始处我们都用文字和图片标记出来，每天早晨可以带着孩子一起找到这一天的位置，然后粘贴星期几的标签。

一年中的重点事件，比如家庭成员的生日，可以让孩子提前自由选择粘贴纸做备忘。我们家的年历上，女儿在每个人的生日那天都粘贴了气球贴纸；在要去餐厅吃饭的日子粘贴了果汁贴纸；在要去摘草莓的日子粘贴了草莓贴纸；在开学的日子粘贴了星星贴纸，因为她在星星班……

有了长卷年历，我们便不再发愁如何回答孩子永无止境的时间问题了。日久天长，我们甚至可能会发现，孩子的数学逻辑也在飞速发展，因为长卷年历上的一个个日期就像数学里的珠链，孩子可以像数金珠一样数日子，要知道，孩子是一群多么期待未来的小生命啊。

长卷年历

抛砖引玉 MONTESSORI AT HOME

孩子：“妈妈，我们哪天去水族馆啊？”

妈妈：“8 月 18 号。”

孩子：“妈妈，我在年历上找到了，还有 6 天。”

妈妈：“对，还有 6 天。你在 8 月 18 号那天备注一下吧，这样你自己就能知道还有几天去水族馆了。”

孩子：“妈妈，我粘了一条鱼。鱼就代表水族馆。”

时间历史 · 沙漏和时钟

在生活中，我们可以借用不同时长的沙漏，随机让孩子形象地了解 3 分钟是多久，10 分钟是多久。

抛砖引玉 MONTESSORI AT HOME

孩子："妈妈，鸡蛋什么时候煮好啊？"

妈妈："3 分钟。你看这是 3 分钟沙漏，沙子漏完就是过了 3 分钟。"

孩子："妈妈，3 分钟过了一半了。"

妈妈："那快了。"

等孩子对时间有了基本的概念时，我们就可以跟他介绍时钟了，告诉他："沙漏能用来计算很短的时间，时钟可以用来计算一天的时间。"

抛砖引玉 MONTESSORI AT HOME

孩子："妈妈，我们什么时候出去玩？"

妈妈："5 点。这根短针是时针，当它指向 5 时，我们就出发。"

孩子："现在时针指向 4。"

妈妈："4 点到 5 点，还有一个小时。"

孩子："妈妈，怎么还不到 5 点啊？"

妈妈："是啊，你在那里守着看，时间就过得很慢，要不你找点喜欢的事情来做，说不定很快就到 5 点了。"

孩子："那我画画吧。"

（过了一个小时。）

妈妈："马上 5 点了，我们要准备出发了。"

孩子："怎么这么快啊，我还没画完呢。"

妈妈："当你认真、专注的时候，时间就过得很快。"

当孩子掌握了数学中 1 ～ 12 的数量对应后，我们便可以购买或者自制一个简易时钟来教孩子认识时间。先介绍时钟上的 12 个数字，告诉孩子这些数字代表时间，时针指向几就是几点。然后移动时针，和孩子一起从 1 点读到 12 点。

感受时间

当孩子通过数学中的金珠和彩珠能够熟练地连续数和跳着数后，再给孩子介绍分针。首先和孩子一起发现时钟上的“12”和“1”之间分成了 5 格、“1”和“2”之间也是分成了 5 格，以此类推。然后给孩子解释 1 格代表 1 分钟，和孩子一起 5 分钟、5 分钟地数，一直数到 60 分钟。在此过程中，孩子明白了 1 小时分为 60 分钟，比较长的指针叫作分针，分针指向几就是几分钟。最后和孩子一起观察时钟，发现分针转一圈，时针才走一格。

当孩子认识了分数后，我们还可以给他介绍一刻钟、半小时，等再晚些，再给孩子介绍 12 小时制和 24 小时制的时间概念。

时间历史·生日

生日小册

在蒙氏学校，孩子们过生日是别具一格的，而我们在家里也可以为孩子举办一个蒙氏风格的生日聚会。比如为孩子制作一本生日小册，从出生开始，每一页粘贴上孩子这一年的经典照片，写上这一年孩子成长中的经典故事。

在孩子生日当天，所有家人围坐在一起，中间摆放一个用彩纸制作的太阳。妈妈在旁边点亮几根蜡烛。孩子手捧地球仪，站在妈妈身边。妈妈打开生日小册，给大家展示孩子出生时的照片，并念道：“×年×月×日，×点×分，×××在×××出生了……”

然后让孩子手捧地球仪围着太阳转一圈，再回到妈妈身边。孩子吹灭一根蜡烛，妈妈展示孩子1岁时的生日照片，说道：“今天，×××满1岁了，这一天发生了……”

生日仪式

接着，孩子继续手捧地球仪围着太阳转一圈，回到妈妈身边，再吹灭一根蜡烛。以此类推，一直到孩子当前的年龄。这时，孩子会吹灭与当前年龄相应的所有蜡烛。

时间历史 · 年龄

当孩子对自己的年龄有了基本的概念时，就会开始关心周围人的年龄，这时我们可以和孩子一起做一个年龄调查统计表。在一张纸上，纵向写上家庭成员的名字，从孩子开始，接下来是妈妈、爸爸、爷爷、奶奶……每个方格代表 1 岁。当孩子看到爷爷奶奶下方长长的方格时，一定会惊叹不已。

在这项活动之后，我们就可以制作家庭树，帮助孩子了解家庭成员之间的关系了。

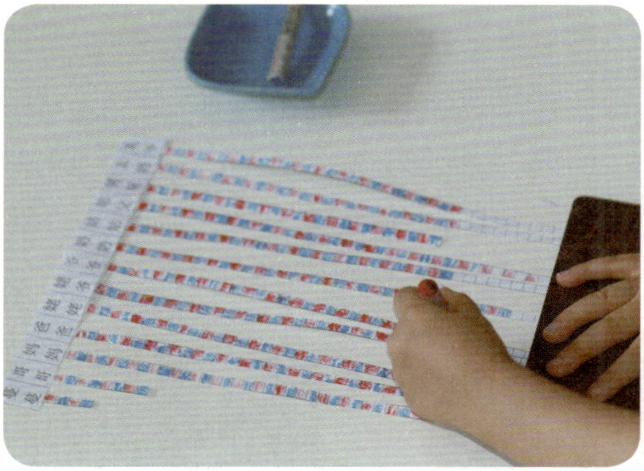

家庭成员年龄调查统计

家庭树

5 岁之后，孩子会逐渐进入抽象思维阶段，开始好奇过去发生的事，这时可以和孩子一起查阅老照片，讲讲妈妈小时候的故事，妈妈的妈妈的故事，甚至妈妈的妈妈的妈妈的故事。也可以给孩子介绍有关人类历史的书籍。

科学实验 · 空气

很多人觉得物理对幼儿来说太难了。是的，这些专业的知识点的确很难，但掌握知识点并不是我们和孩子一起做科学实验的目的，我们只是设计一些适合孩子当下年龄的具象、生动的小实验，然后让孩子自己操作，自己观察，自己总结，以此来培养孩子的科学思维，为他埋下探索发现的火种。蒙台梭利博士曾写道：

> 优质教学的秘密在于把儿童智力视为可以播种下种子的肥沃土壤，那些种子在想象阳光的照射下会发芽。因此，我们的目标不是单纯让儿童懂得，而是激发他们的想象力，从而让他们更加朝气蓬勃。

谨记在和孩子一起做科学实验的过程中，我们不要着急给出孩子结论，要给他留足观察和思考的时间，还要多和他讨论。只有孩子自己的发现，才能真正印刻在他的脑海中，激发更多的好奇心和求知欲。而每个实验的过程，也能帮助孩子发展分析、归纳、总结等逻辑思维能力。

太阳能发电实验

在天文地理部分，孩子已经了解了地球表面是由土和水组成的，而地球周围全部都是空气。空气无色无味，那要设计一个什么样的实验才能帮助四五岁的孩子了解空气的存在呢？

我们可以准备一盆水和一个空瓶子。先问问孩子瓶子是不是空的，孩子检查之后说是空的。我们将瓶口向下慢慢放入水中，瓶口一直在水里。这时慢慢会有很多泡泡冒出来，说明瓶子不是空的，里面有很多空气。

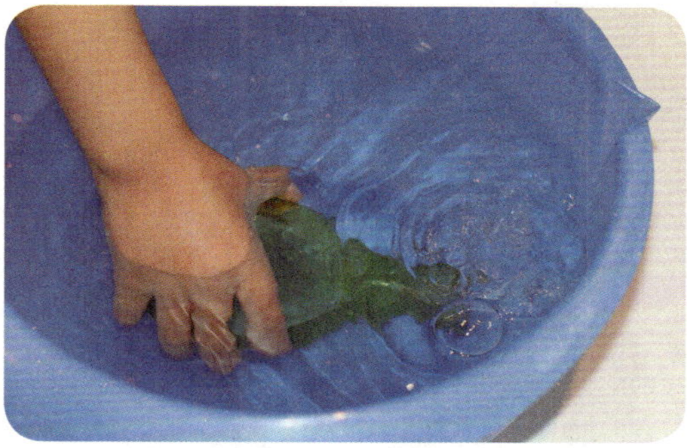
空气存在实验

孩子往往会对烛火着迷。我们也可以利用这一点，跟孩子一起做个小实验。将杯子罩在点燃的蜡烛上，发现蜡烛很快就灭了。为什么呢？因为蜡烛需要空气中的氧气才能燃烧，当杯子里的氧气用完时，蜡烛就熄灭了。

蜡烛燃烧实验

我们还可以将杯子和蜡烛放在装有水的盆里，孩子会看到，在蜡烛燃烧的过程中，水也在逐渐往上升。然后和孩子一起探讨这是为什么。

科学实验 · 水

大多数孩子都很喜欢水，我们可以和孩子一起在玩耍中探索水，帮助孩子整合关于水的感官经验。

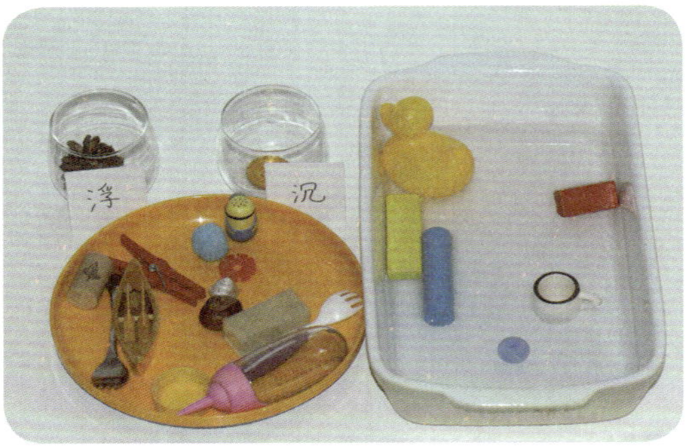

浮沉实验

孩子洗澡前，我们可以准备一堆能浸水的小物品，比如玻璃球、塑料球、气球、瓶盖等。孩子洗澡的时候，我们就来做一个实验，将这些东西一个个放到澡盆中，看看会发生什么。比如将玻璃球放到水中，玻璃球沉下去了；塑料球放入水中，塑料球浮起来了……可以让孩子自己来尝试，不断跟他重复“沉”和“浮”这两个概念。

再比如，我们还可以跟孩子尝试将不同的液体倒入清水中，观察上浮和下沉的结果，比如油、糖水、盐水等。实验结束后，这些结果都可以和孩子一起记录下来。

当孩子对空气和水都有了更加全面的了解后，我们就可以准备三个相同的瓶子：一个瓶子里放土；一个瓶子里放水；还有一个瓶子里什么也不放，代表空气。再准备三个名称标签，分别是固体、液体和气体。然后和孩子讨论除了土以外，还有什么是固体，比如桌子、杯子等；除了水以外，还有什么是液体，比如牛奶、果汁等。

科学实验 · 重力

秋天时，看到落叶飘零，我们可以问孩子一个问题："为什么落叶会飘落下来呢？"由此可以给孩子讲述牛顿的故事："有一位科学家，名叫牛顿，有一天他发现苹果从树上掉了下来……"

回到家再和孩子一起看看地球仪，再次提问并引发孩子思考："我们居住在地球上，却不会从地球上掉下来，也不会飘到空中，这是为什么呢？"

MONTESSORI AT HOME 蒙妈日记

昨天女儿和姥姥视频通话后，突然好奇地问："为什么姥姥那儿已经是晚上了，而我们这儿还是白天？"

于是我用地灯表示太阳，拿着地球仪转动着给她演示黑夜和白天。

今天她又对太空着迷，提问："为什么宇航员飘在空中？"

我说："是啊，为什么呢？这是个好问题，我们会飘吗？"

女儿笑着说："当然不会啦！"

我又拿出地球仪，将一个乐高小人放在上面，说："瞧，假如这就是我，我会牢牢地站在这个地球上，即使地球转动，也不会掉下去。这是因为有一种力叫作重力，可以把地球周围的物体"吸"住，让它们不会飘在空中。"

我在演示的过程中，女儿静静地睁大眼睛，仿佛在说：这个世界怎么这么神奇！从孩子的"为什么"开始，自然而然将地理、天文、物理等知识融合在一起，会极大地激发孩子继续深入探索的兴趣。

在用简单的语言给孩子介绍了重力的概念后，我们可以再跟孩子做一个实验：准备好一堆小物品，比如羽毛、笔等，让孩子站在沙发上，手里拿着一个物品，举到最高，再自然地松开手。

孩子会发现，所有的物品都会下落，不管是重的还是轻的，也不管是什么形状、什么材料。之后再跟孩子一起观察不同物品下落的速度和路线，做好观察记录。最后拿出两张一模一样的纸，跟孩子一起想办法，看看怎样才能让它们下落的速度不一样。

重力实验

科学实验 · 磁力

在孩子眼里，磁铁大概是个神奇的东西。我们可以准备一块磁铁和一筐小物品，跟孩子一起做个磁力实验。选择一个物品去靠近磁铁，看看能不能被吸住。如果孩子已经会写字或者画画了，可以请孩子做实验记录，将物品分为可被吸和不可被吸两类。

磁力实验

这个实验之后，孩子可能会拿着磁铁在家里到处尝试，看看哪里可以吸，哪里不可以吸。

我们也可以准备一小盒别针，把它们一个个吸到磁铁上，形成长长的链条，让孩子感受一下磁铁的力量有多大。

我们还可以准备两个小碗，一个小碗里放普通的沙子，另一个小碗里放一些铁砂。然后用手绢将磁铁包住，去吸铁砂，孩子会发现，磁铁吸附了铁砂；再拿磁铁去吸沙子，孩子会发现，磁铁并不能吸附沙子。最后将沙子和铁砂混合在一个大碗里，再用手绢包着磁铁去吸，孩子会发现，磁铁能将铁砂都吸出来，从而将铁砂和沙子分离开。

科学实验 · 声音

我们可以让孩子尝试将手放在我们的声带处，大声说话，让孩子感受声带的震动。再让他把手放到自己的声带上，感受震动。然后跟孩子解释，声音是物体的震动产生的，可以在空气中传播。

当孩子对声音的传播有了基本的认识，我们就可以跟孩子一起做小实验了。我们可以用保鲜膜将小盘子包住，表面绷紧，再撒一些盐粒在上面，轻轻拍打保鲜膜，盐粒会跳起来。让孩子把嘴巴接近保鲜膜大声说话，但是注意不能大喘气，然后就会发现，这样做也能让盐粒跳起来。

简易电话

我们还可以用长长的线将两个酸奶盒大小的空盒子连接起来，制作一个简易电话。我们和孩子相隔很远，一个人在线一头冲着盒子说话，另一个人在线的另一头听盒子里的声音。

先提出问题引发孩子思考："为什么隔这么远还能听到声音呢？"

再给孩子解释："我们的声音会在空气中震动，同样也能让盒子震动，让线震动，再让线那一头的另一个盒子震动，然后从另一个盒子通过空气传到你的耳朵里。"

扫描二维码，激发探索科学文化的无限创意。

MONTESSORI AT HOME

蒙氏爸妈三级通关

初级：多带孩子亲近大自然，了解不同的文化，参观科学文化博物馆，阅读科学文化类的童书。认真回答孩子的“十万个为什么”，可以和孩子一起通过书籍或者互联网来寻找答案。

中级：能够从整体到局部为孩子展现科学文化各个领域的全貌，并根据孩子的节奏和兴趣，进行某一条支脉上的细节拓展。任何一个领域、任何一条支脉的探索，都需要遵循从具象到抽象的介绍方法。

高级：拥有独立的科学思维和开放的文化心态，能够灵活、自然地将科学文化教育融入生活，随时随地鼓励孩子自由地探索、思考和批判。

回归蒙台梭利教育哲学

之所以将蒙台梭利教育原理的内容放在尾声而不是开头来讲，是因为当下面向父母的育儿理论实在太多了，而实践方法实在太少了。光有理论就犹如建起了空中楼阁，父母很难在短时间内应用起来。在从理论到实践转化的过程中，或许孩子已经长大，这样就错过了启蒙的有效期。

因此我们带着大家一起实践，当实践到一定阶段时，相信很多父母会自发地想要全面了解蒙台梭利教育理念。从实践回到理论，相信父母读起来就不会如一开始就接触硬核理论那般晦涩，启发和共鸣也会更多，当再次回到实践中的时候，便会融会贯通、游刃有余。

尾声将带你一起回归蒙台梭利教育哲学。

成长的四个阶段

首先为你展开蒙台梭利博士关于人一生发展的图谱，如图1所示。蒙台梭利博士将人的成长分为四个阶段：0～6岁的婴幼儿期、6～12岁的儿童期，12～18岁的青少年期，以及18～24岁的成年期。

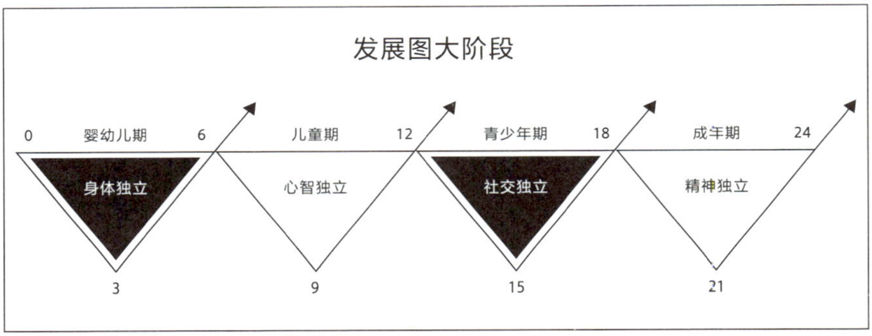

图1 成长的四个阶段

我们从这张成长图谱中可以看到，孩子成长的每个阶段都有各自的成长任务。婴幼儿期的成长任务是身体独立，儿童期的成长任务是心智独立，青少年期的成长任务是社交独立，成年期的成长任务是精神、道德等全面的独立。

0～6岁，孩子的主要成长任务是身体独立，其中0～3岁阶段，孩子需要一个自由探索的环境来实现感官、动作和语言的发展，而3～6岁承上启下，不只要让孩子的感官、动作和语言逐步发展完善，全面实现身体的独立，同时还要为第二阶段实现全面的心智独立做好启蒙准备，比如文字、数学、科学文化等。此外，3 ～ 6 岁也是第三阶段社交独立的起步期，在这个阶段，孩子会开始关注家庭以外的关系，开始掌握基础的社交技巧和礼仪。

以上这些都是 3 ～ 6 岁孩子的成长需求，只有能够满足孩子成长需求的活动，才对孩子富有意义。孩子也只有在这些活动中才能充分发挥内在驱动力，专注其中，从而获得完全的发展及潜力的最大释放，顺利进入下一个成长阶段。

发展的正常化与偏差

再看图 1 中展示的成长四阶段，第一阶段和第三阶段用黑色显示，意味着这两个阶段是集聚能量的塑造过程，也是最不稳定的阶段。我们都能感受到，在婴幼儿期和青少年期，孩子会变得情绪起伏大、自我意识强烈，这段时期对父母的挑战也最大。

如果孩子在这两个阶段能够在具有稳定支持的环境中成长，那么就会呈现出“正常化”的状态。蒙台梭利博士所说的“正常化”不是我们常人理解的正常，而是身心能量的统合，外在表现为：热爱现实生活、有秩序、有兴趣、专注、独立、有创意、有分享愿望、有一定界限甚至逐渐表现出自律……

如果在这两个阶段，孩子没有获得具有稳定支持的成长环境，尤其是在这两个阶段的后半段，即 3 ～ 6 岁和 15 ～ 18 岁，孩子就会表现出“行为偏差”，这会尤其地挑战父母的耐心和权威。具有“行为偏差”的孩子可能会呈现出混乱无序、动作失调、极度害羞、争吵不休、占有欲强烈、极度自私、贪婪、奢侈、恐惧、口吃、懒惰、不安全、无法专注、沉迷虚幻世界、自卑、极度依赖、谎话连篇、毫无规矩等行为。

如果孩子的身体出现了问题，那家长很容易发现，可是如果孩子在行为上出现了偏差，很多家长可能都无从察觉，甚至一些家长会觉得“这些都是正常的，长大了自然就好了”。

但事实上，孩子长大了并不见得会自然变好。我们每个人或多或少都带着些童年时期的行为偏差直至成年，当孩子成长的环境一直在阻碍他的身心健康发展时，这个偏差很可能就会一直持续。没有完美的人存在，因为没有完美的童年。

我们懵懵懂懂地把孩子带到了3岁，如果发现眼前的孩子开始表现出一些明显的行为偏差，那么3～6岁的这三年，就是我们将孩子带回到正常化轨道上来的最有效的机会。因为儿童期要更加平稳安宁，孩子在0～6岁遗留的行为偏差在儿童期似乎变得不那么明显，但是一旦来到身心剧变的青少年期，这些偏差行为就会凸显出来，并且愈演愈烈，到时候就很难修复了。

那该如何帮助孩子趋向“正常化”地发展，又该如何帮助他矫正“偏差”的行为呢？蒙台梭利博士提出的方案是：让孩子做有意义的活动。

那什么是有意义的活动呢？就是我们在书中提供的这些活动。实践中，我们要通过观察孩子，捕捉孩子的兴趣、识别孩子的敏感期，然后参考书中的这些活动方案为孩子准备适宜他的个性化活动。只有这样的活动才能引起孩子的注意，由此让他进入专注的状态，实现自我建构，从而趋向正常化。

MONTESSORI AT HOME 蒙妈日记

我每周都会带女儿去一次超市，逛超市也是一种很好的亲子启蒙活动。

出发之前，可以先做出购物清单，然后让孩子照着清单买东西，孩子顺便还能认识不少字。

多数时候我来不及做清单，就和女儿一起找需要的食物。我会为女儿示范如何挑选新鲜果蔬，挑颜色鲜艳的、没有腐烂的、比较香的、比较重的……

孩子选的不合适我也会实话实说，告诉她“这个不新鲜”，或者“这个太贵了，我的钱不够”，又或者“这个不知道怎么做菜，我们一起上网查一查，下次再来买”……

今天要买水萝卜，就让女儿观察哪捆水萝卜比较多，一样多的水萝卜，哪捆水分足，比较重。这些都是蒙氏教室里的感官练习，生活中随处可以应用。

女儿自己数够了一周要喝的 7 瓶酸奶。买西红柿的时候，她还做了对比，选出了更划算的品种。

逛一趟超市，感官、语言、数学、科学文化的启蒙顺带都做了，孩子也很开心、很满足，回家后也不缠着让人陪，可以自己玩很久。

蒙台梭利博士说的有意义的工作能让孩子正常化，真是每天都能在生活中得到印证啊！

吸收性心智和敏感期

如果说青少年期的变化是外显的，那么婴幼儿期的变化则更多是内化的，而且具有印刻式的深远影响。

蒙台梭利博士称这个阶段的孩子拥有吸收性心智，即婴幼儿可以不费吹灰之力地吸收环境中的一切，融入人格，伴随一生。

人的一生中，大脑在可塑性最强的前6年里，像海绵一样吸收着身边环境中的一切，而这6年，正是孩子最依赖父母的时候，可见，大自然赋予了我们机会和责任，错过了便不能再来。这便是为什么发展中的行为偏差在3～6岁时还能够修复，而到了可塑性更低的青少年期，就不再那么容易修复了。

孩子会自然地吸收环境中的一切，这叫吸收性心智，而当孩子对环境中的某一部分内容表现出强烈、持续的兴趣，并且乐此不疲地重复时，这便是蒙台梭利博士所说的“敏感期”到来了。蒙台梭利博士提出6个0～6岁孩子的敏感期，如图2所示[①]。

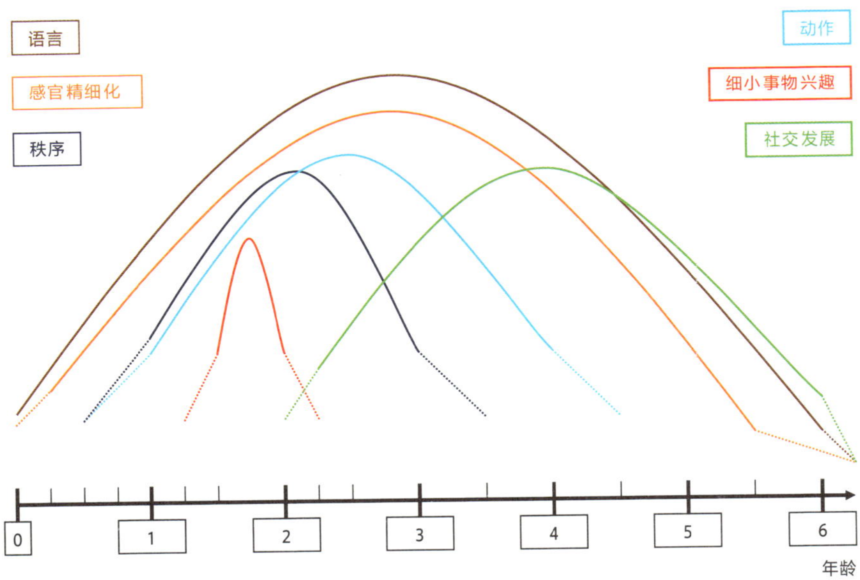

图2　0～6岁孩子的6个敏感期

① 此图摘自德国蒙台梭利国际培训师玛利亚·若斯的教学手记。

敏感期也是吸收性心智的极致体现，这在脑科学上已经有了很清晰的解释，具体内容可以参见第二章。

如果孩子的敏感期被环境支持的话，他就会非常轻松地获得某项能力；而如果错过了敏感期，同样的学习对孩子来说就会变得尤为吃力，并且还很难达到同样的效果。不仅如此，敏感期的发展如果得不到辅助支持甚至被阻碍的话，孩子还会表现出烦躁、易怒，长此以往，就会形成行为偏差。

3～6岁的孩子多集中在感官精细化、语言、动作、社交发展这4个敏感期中。我们在感官探索、语言表达两个板块已经阐述了这两个敏感期的意义。动作敏感期也比较显而易见，孩子总是一刻都停不下来，当父母了解了这就是孩子的本能，了解了好动是孩子处于动作敏感期的体现后，便应该理解并支持他，比如每天保证2～3个小时户外的大动作发展时间，并在家中给予孩子各种动手操作的精细动作发展机会。在各种活动中，也要充分借用孩子动作敏感期的特点，让他动起来，比如来回运送东西，而不是让他一直坐在那里。在实践中要灵活应用本书第一章提出的“距离游戏”。

从2岁半开始，孩子就逐渐有了强烈的社交愿望。和同龄孩子在一起时，对他们来说已经不仅仅是观察和模仿了，他们想要更多的互动和合作。

当孩子在家中充分地意识到自己的独立性后，就会开始意识到别人的存在，理解别人的情绪和想法，逐渐脱离以自我为中心的状态。我们可以和孩子一起做家务，培养他为家庭服务的意识，还要在家庭中学习社交礼仪和技巧，这些都有助于孩子逐渐融入更大的集体。

3～6岁，大多数孩子都会进入幼儿园，在幼儿园度过白天的大部分时间。不同的幼儿园优势、劣势各不相同，所以家庭教育要与幼儿园的教育相配合。

如果孩子所上的幼儿园缺乏对某一敏感期的支持的话，家庭教育就需要在此方面多多侧重。比如有的幼儿园精细动作发展的机会不多，那家里就要多给孩子提供各种家务、手工等活动；如果幼儿园提供的感官体验比较单一，那家庭教育也要做相应的补充。

自律、自由与限制

很多人会曲解蒙台梭利教育思想。有些人认为蒙氏教育是对孩子完全自由放任的一种教育，孩子想干什么就干什么，另一些人又认为蒙氏教育是纪律很严明的教育，缺乏自由精神。

其实蒙台梭利教育的重要理念之一，就是实现自由与限制的平衡。这两者就像硬币的两面，缺一不可。

在家中，我们要尽可能地给予孩子自由，让他实现充分的自我探索，发展自由意志。可以让孩子自由选择他喜欢的探索内容和探索方式，也可以自由地开始和结束。不过，父母要给予孩子基本的限制，限制的原则就是不伤害自己、不影响他人、不破坏环境。比如，孩子可以到处摸，但是禁止摸灶台；可以选择不午睡，但是不能大喊大叫影响别人休息；探索大自然的时候，只可以捡，不可以摘。

限制也有不同的等级，有的是完全禁止，有的是不可以，有的是不鼓励。父母要在生活中灵活地平衡自由与限制，成为有权威的民主父母。

MONTESSORI AT HOME 蒙妈日记

最近女儿晚上睡觉前总吵着要脱掉睡裤，但是她晚上总是蹬被子，所以每次她征求我的意见，问我“能不能脱掉”时，我都会说：“穿着吧，晚上会冷。”

可是她还会一直央求，于是我就会说：“你自己定吧。冷了自己穿上。”

很多天里，女儿都是光着腿不盖被子睡觉的，而最近德国的晚上还不到 10℃。我觉得她可能会冷，但是真的冷吗？应该只有她自己知道。我不想跟她在这个问题上斗争，毕竟不涉及人身安全，所以我说了“最好不要”，最终让她自己决定。

有趣的是，后来连续两天，睡前脱了裤子的女儿早上起床时竟然穿着睡裤，她说她半夜冷，就穿上了。

对于不涉及原则的事情，给孩子建议，让他自己选择，选择后自己承担后果。我已经说了“最好不要”，但如果你非要不可，那你就自己试试吧！

很多父母觉得纪律多了，孩子自然就会变得自律。但其实恰恰相反，只有给了孩子足够的自由，尤其是在一个稳定的，自由与限制平衡得很好的环境中，那到了一定年龄阶段后，孩子才会逐渐发展出自律。

蒙台梭利博士认为，自律的发展有三个阶段：

- 自我中心（0～3 岁半左右）；
- 他律（3 岁半左右～5 岁）；
- 自律（5 岁以上）。

现实中，时间点不是那么绝对，因为每个孩子都不一样，但是自律发展的阶段顺序不会变，所以我们给予孩子的环境限制要符合孩子的发展水平。比如，带着 3 岁的孩子去听音乐会，要求他两个小时里安安静静地做好不去打扰别人，那显然就超出孩子的能力范围了。

蒙台梭利博士曾写道：

> 我们应该都有对自律的理解，自律只有在一定条件下才能产生，它不是天生就有的。我们的任务就是引导孩子走向自律之路。当儿童的注意力集中在吸引他的教具上时，自律就会应运而生，这个教具不仅给了他有益的练习，而且还带有自我检查的功能。通过这些练习，儿童内在惊人的协调感就体现出来了，他变得安静、幸福、忙碌、忘我，对物质奖赏毫不关心。

尾声这一篇内容是对蒙台梭利教育理念的简单概览，如有兴趣，推荐大家阅读我翻译的另一本专为家长诠释蒙台梭利教育理念的著作《蒙台梭利教育精华》，那本书是对蒙氏理论的全景展现。

当然，有精力的话更建议你去阅读蒙台梭利博士的原著《吸收性心智》《童年的秘密》《发现儿童》《人的成长》《家庭中的儿童》等。

从理论再次回到实践，相信你会发现自己有了飞跃式的成长。父母终身学习，便是孩子最好的榜样。

致 谢

《蒙台梭利家庭方案》（0 ～ 3 岁）出版之后，很多家长特别期待这本针对 3 ～ 6 岁孩子的书能出版。我们夫妻用一年半的时间抓紧完成这本书，就是在拼尽全力追赶孩子们成长的脚步，希望能赶得上，希望越来越多的家庭能够享有蒙台梭利教育。

在这里，我要衷心感谢在写书和出版过程中帮助过我们的众多亲朋好友。

感谢知识星球在家蒙台梭利社群的近千个家庭同我们一起在家实践蒙氏教育，两年来的互助分享，给我们提供了无数的灵感和经验。

感谢生生妈妈、葡萄爸爸、米仔妈妈、绵羊爸爸、格格妈妈、阿妮卡妈妈、魏老师、陈垠老师等为我提供观察和记录的素材。

感谢领悦蒙台梭利教具公司的张锦芬女士，邀请我设计专门为在家实践蒙氏教育准备的教玩具，以使书中呈现的蒙台梭利家庭方案能够更好地落地实践。

感谢经验丰富的余湘芸老师、邵颖老师、曾菲老师、李裕光老师、刘冷琴老师、王美玲老师、李秀梅老师、任金江老师、蓝晶晶老师、谢忠祐教授、曹栋博士、诗琳老师等与我们慷慨分享专业意见。

感谢身边的父母朋友，包括张慧、杨超博士、刘海坤教授、马蒂娜（Martine）、弗朗索瓦（François）、皮埃尔（Pierre）、玛利亚（Maria）、曹群、刘璐、赵筑平、陈臻等，为我们提供宝贵建议。

感谢我们的老师，德国 AMI 3 ～ 6 岁国际蒙台梭利培训师玛利亚・若斯，带领我们夫妻进入蒙台梭利教育领域，并在之后的几年中一直鼓励和支持我们的事业。

感谢我曾任教的法国蒙台梭利学校的校长授权我使用当时班上的一些照片。感谢法国蒙台梭利班级的孩子们，以及顾乔的女儿爱美丽、邵琦的女儿艾玛、杨超的儿子小康等友情出镜。

感谢德国慕尼黑 AMI 培训总部以及海德堡的蒙台梭利中心为我提供了很多观察学习和拍照的机会。

感谢湛庐文化的各位编辑老师用心地编辑和推广这两本书。

特别感谢为我们倾情作序和诚挚推荐的前辈老师们。

当然还要感谢我们的爸爸妈妈和弟弟妹妹们，是他们的无私支持才让我们完成了这两本书的创作。

最后还要感谢我们的女儿吴蔓之，是她给予我们珍贵的机会，让我们能够实现在家实践蒙台梭利教育的梦想，享受为人父母的喜悦和成就。

扫码关注“湛庐阅读”App，
搜索“蒙台梭利家庭方案（3～6岁）”，
获取全书参考文献。

未来，属于终身学习者

我这辈子遇到的聪明人（来自各行各业的聪明人）没有不每天阅读的——没有，一个都没有。巴菲特读书之多，我读书之多，可能会让你感到吃惊。孩子们都笑话我。他们觉得我是一本长了两条腿的书。

——查理·芒格

互联网改变了信息连接的方式；指数型技术在迅速颠覆着现有的商业世界；人工智能已经开始抢占人类的工作岗位……

未来，到底需要什么样的人才？

改变命运唯一的策略是你要变成终身学习者。未来世界将不再需要单一的技能型人才，而是需要具备完善的知识结构、极强逻辑思考力和高感知力的复合型人才。优秀的人往往通过阅读建立足够强大的抽象思维能力，获得异于众人的思考和整合能力。未来，将属于终身学习者！而阅读必定和终身学习形影不离。

很多人读书，追求的是干货，寻求的是立刻行之有效的解决方案。其实这是一种留在舒适区的阅读方法。在这个充满不确定性的年代，答案不会简单地出现在书里，因为生活根本就没有标准确切的答案，你也不能期望过去的经验能解决未来的问题。

湛庐阅读App：与最聪明的人共同进化

有人常常把成本支出的焦点放在书价上，把读完一本书当作阅读的终结。其实不然。

时间是读者付出的最大阅读成本
怎么读是读者面临的最大阅读障碍
“读书破万卷”不仅仅在“万”，更重要的是在“破”！

现在，我们构建了全新的“湛庐阅读”App。它将成为你“破万卷”的新居所。在这里：

- 不用考虑读什么，你可以便捷找到纸书、有声书和各种声音产品；
- 你可以学会怎么读，你将发现集泛读、通读、精读于一体的阅读解决方案；
- 你会与作者、译者、专家、推荐人和阅读教练相遇，他们是优质思想的发源地；
- 你会与优秀的读者和终身学习者为伍，他们对阅读和学习有着持久的热情和源源不绝的内驱力。

从单一到复合，从知道到精通，从理解到创造，湛庐希望建立一个“与最聪明的人共同进化”的社区，成为人类先进思想交汇的聚集地，与你共同迎接未来。

与此同时，我们希望能够重新定义你的学习场景，让你随时随地收获有内容、有价值的思想，通过阅读实现终身学习。这是我们的使命和价值。

湛庐阅读App玩转指南

湛庐阅读App结构图：

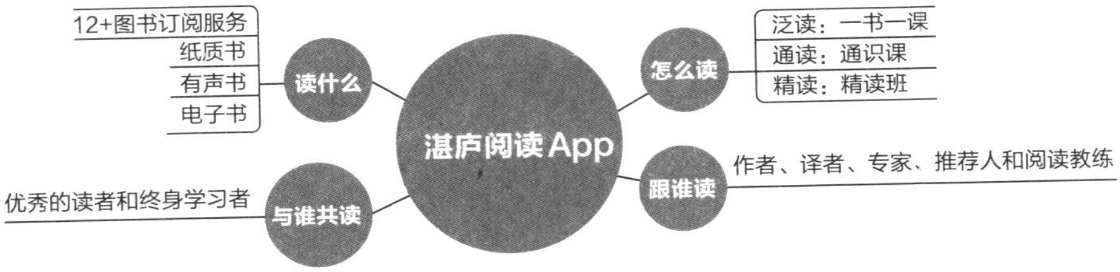

三步玩转湛庐阅读App：

读一读 ▼

湛庐纸书一站买，
全年好书打包订

听一听 ▼

泛读、通读、精读，
选取适合你的阅读方式

扫一扫 ▼

买书、听书、讲书、
拆书服务，一键获取

App获取方式：

安卓用户前往各大应用市场、苹果用户前往App Store
直接下载“湛庐阅读”App，与最聪明的人共同进化！

湛庐CHEERS

使用App扫一扫功能，
遇见书里书外更大的世界！

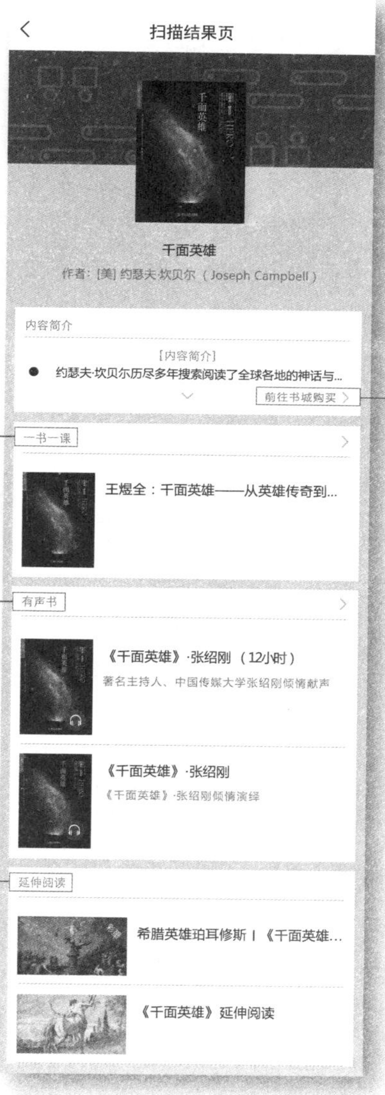

快速了解本书内容，
湛庐千册图书一键购买！

大咖优质课、
献声朗读全本一键了解，
为你读书、讲书、拆书！

你想知道的彩蛋
和本书更多知识、资讯，
尽在延伸阅读！

湛庐CHEERS

延伸阅读

《蒙台梭利家庭方案》

- ◎ 欧洲首对国际蒙台梭利协会认证中国爸妈，手把手带你在家蒙台梭利。
- ◎ 给你一套拿来即用的在家蒙氏方案，4大核心家庭区域设计方案，打造蒙氏家庭环境；100个蒙氏活动步骤详解，培养孩子4大核心能力。
- ◎ 国际蒙台梭利协会中国隶属协会创始人陈爱娣倾情作序。

使用"湛庐阅读"App，"扫一扫"获取本书更多精彩内容。
ISBN 978-7-5536-7636-4

《蒙台梭利教育精华》

- ◎ 法国资深蒙台梭利教育专家夏洛特·普桑汇聚20年教学经验著成的蒙氏教育精华之作。
- ◎ 秉承AMI培训体系，一本书让你快速掌握蒙氏理念及实用方法。
- ◎ AMI主席安德烈·罗伯弗洛伊德、AMI中国隶属协会创始人陈爱娣、著名亲子教育专家陈禾联袂作序推荐。

使用"湛庐阅读"App，"扫一扫"获取本书更多精彩内容。
ISBN 978-7-213-06599-6

《21招，让孩子独立》

- ◎ 心理育儿专家、丁香妈妈TOP3金牌讲师叶壮教你如何给孩子受益一生的独立资本。
- ◎ 围绕3个人生维度，打造21个日常妙招，从生活习惯到社交能力，千万别错过0~6岁儿童独立性养成关键期。
- ◎ 清华大学社会科学学院院长彭凯平、丁香园副总裁初洋盛情推荐。

使用"湛庐阅读"App，"扫一扫"获取本书更多精彩内容。
ISBN 978-7-5536-7942-6

《园丁与木匠》

- ◎ 国际儿童学习研究泰斗级专家艾莉森·高普尼克"天生学习家系列"集大成之作。
- ◎ 汇集30年实证研究，以无人匹敌的突破性发现，带你走出传统教养误区。彻底摆脱焦虑，给你符合孩子学习与发展规律的科学育儿观。
- ◎ 引爆教育界，万维钢、罗振宇、苗炜等思想界大咖争相解读。

使用"湛庐阅读"App，"扫一扫"获取本书更多精彩内容。
ISBN 978-7-213-09330-2

《孩子如何学习》

- ◎ 国际儿童学习研究泰斗级专家艾莉森·高普尼克"天生学习家系列"奠基之作。
- ◎ 汇聚3位重磅级儿童发展专家30年的颠覆性发现，首度揭示孩子大脑学习机制，彻底改写成人对孩子学习能力的认识。
- ◎ 哈佛、斯坦福、北大等六大国内外知名高校专家鼎力推荐。

使用"湛庐阅读"App，"扫一扫"获取本书更多精彩内容。
ISBN 978-7-213-09307-4

图书在版编目（CIP）数据

蒙台梭利家庭方案 : 3-6 岁 / 尹亚楠 , 吴永和著
. — 杭州 : 浙江教育出版社 , 2020.8
ISBN 978-7-5722-0482-1

Ⅰ . ①蒙… Ⅱ . ①尹… ②吴… Ⅲ . ①学前儿童—家
庭教育 Ⅳ . ① G781

中国版本图书馆 CIP 数据核字（2020）第 118636 号

上架指导：家庭教育

蒙台梭利家庭方案：3 ~ 6岁
MENGTAISUOLI JIATING FANG'AN: 3 ~ 6 SUI
尹亚楠　吴永和　著

责任编辑： 高露露
美术编辑： 韩　波
封面设计： ablackcover.com
责任校对： 刘晋苏
责任印务： 沈久凌
出版发行： 浙江教育出版社（杭州市天目山路 40 号　邮编：310013）
电话：（0571）85170300-80928
印　　刷： 北京盛通印刷股份有限公司
开　　本： 710mm ×965mm 1/16　　**插　　页：** 2
印　　张： 13.5　　**字　　数：** 184 千字
版　　次： 2020 年 8 月第 1 版　　**印　　次：** 2020 年 8 月第 1 次印刷
书　　号： ISBN 978-7-5722-0482-1　　**定　　价：** 69.90 元
审 图 号： GS（2020）1993 号

如发现印装质量问题，影响阅读，请致电 010-56676359 联系调换。